片岡護の絶品パスタ

片岡　護

講談社+α文庫

はじめに

僕がイタリア料理のシェフになったのは、ごく単純な理由からで、パスタが大好きだったからです。ある日を境に、今日まで僕は、ずっとパスタに魅了され続けているのです。

初めて食べたパスタは、母が家政婦をしていた元ミラノ総領事・金倉英一さんの家からもらった、カルボナーラ。もう40年以上も前のことでしょうか。そのカルボナーラをひと口食べたとき、「なんておいしいのだろう、こんなにおいしいもの、今まで食べたことがない！」といって、兄と一緒に喜んだのを覚えています。

その後、僕は東京芸大の受験に失敗し、心機一転、料理の道に進みました。金倉総領事付きのコックとして、ミラノに行くことになったのです。イタリアでは、昼はイタリア料理、夜は日本料理を作り、休日には何軒ものイタリア料理店に研修に行って料理を勉強するという日々でした。あの日のカルボナーラに魅せられたおかげで、僕は「料理人人生」を歩むことに決まったのでしょうね。

イタリアでは、いろいろな人と知り合い、休日のたびにさまざまな土地のパスタを食べ、どんどんその魅力にとりつかれていったのです。イタリアで学んだことはたくさんありますが、そのひとつは「郷土料理」の奥の深さでした。

ミラノにしかない食材があり、ナポリだけにある食材もある。日本のスーパーみたいに「なんでもある」なんて、イタリア人は考えていないのです。土地の食材というものを、誰もが当たり前のこととして認識しているのです。日本の平均志向をよしとしていた僕は、驚いてしまいました。イタリアでは、内陸、島、山岳地帯、海辺……。それぞれの土地にいろいろな人がいて、おいしいものがたくさんありました。

この体験のおかげで、日本に帰ってみると新たな視点で料理が見えてきました。日本にも、今まで見えていなかった郷土料理の奥深さがあり、野菜のおいしさがあったのです！　そしてなにより、イタリアにも日本と同じように四季があり、その季節ごとにおいしい食材があるのです。日本とイタリアには、共通点がものすごく多いことに気づきました。

僕は、イタリアで修業した成果を基にして、日本人の僕にしかできないパスタを作ってみようと決意しました。そうして開いたのが「アルポルト」なのです。

イタリアから帰ってきた頃は、パスタといえばまだ「スパゲッティ」であり、認知度が低いものでした。だから、和の食材を使ったパスタなど、メジャーではありません。むしろ異端として見られていたのです。

ところが、今ではパスタはラーメン、カレーライスと並ぶ普段着の料理となりました。男の人が、自宅でパスタをゆでて食べてもおかしくない。パスタを取り巻く状況がこんなに変わってきたことで、和の食材を使った僕ならではのパスタも、ようやく認知されるようになったのです。とても嬉しいことです。

僕がイタリアで知ったこと、日本に帰ってきて苦心の作で創り上げたパスタなど、さまざまなパスタ料理を知っていただければと思います。とても嬉しかったことや、失敗して悲しかったことなど、洗いざらい公開していますが、僕の料理の出発点がパスタであったことを考えると、恥ずかしくはありません。〝これはおいしかったぞ、僕のお気に入りだぞ〟というパスタはもれなく載せました。参考にして何回も作ってみてください。絶品パスタが、あなたにも必ず作れるようになりますよ。

２００７年２月

片岡《かたおか》 護《まもる》

◎目次

第2章　絶品古典派パスタ

第3章　野菜で作るパスタ

第5章　和の素材でパスタ

第6章　春夏秋冬パスタの魅力

片岡護の絶品パスタ

本書のきまり

◎計量の単位は、カップ1が200mℓ、大さじ1が15mℓ、小さじ1が5mℓです。

◎オリーブ油とあるものは、すべてエキストラ・バージン・オリーブ油のことです。

◎スパゲッティをはじめ、パスタはすべて約1%の塩を加えた湯でゆでます。ゆでる湯の量が2ℓとすると、塩は20g前後(大さじ1強)となります。

◎パスタをゆでる湯の量は、パスタ100g当たり1ℓです。

◎赤唐辛子は種を除いて使います。

第1章

基本のパスタ

これが片岡護のパスタに対する考え方です

世界中においしいものはたくさんありますが、イタリアにはパスタがあります。粉を練ってゆでたものは、中国や日本、また、ヨーロッパ諸国にも、もろもろの形であります。ですが、イタリアのパスタほど、多彩に形状を変え、さまざまなソースとからみあい、大きな世界を創り上げている例があるでしょうか。僕はこのパスタに魅せられてイタリア料理の世界に踏み込みました。

パスタの虜《とりこ》になったことが、僕の料理人としてのスタートです。ですから、こうしてパスタを語ることは、とりもなおさず僕の日々の台所を公開するようなもので、緊張とともに嬉しさもひとしおです。

ミラノの市場のにぎわいを知っていただければ、読者のみなさんにももっとパスタのことがわかっていただけるんじゃないか。本質というか、そのもとのもと、イタリアという国柄、季節ごとに変わる風景の美しさや心優しい人たち。こういうこともお話しして、僕の料理の考え方を知っていただければ、嬉しい。欲張りなんですけど。春は春で、冬は冬で、パスタの世界は楽しくて広いでしょう？

こんなにたくさんあるパスタの種類

DENTI D'ELEFANTE　デンティ・デッレファンテ
象の歯のパスタ。

CHIAVE　キアーヴェ
鍵形のパスタ。

TRENETTE　テレネッテ
筒の穴の形が三角形のパスタ。

FEDELINI　フェデリーニ
直径1.4mmほどのロング・パスタ。

PESCE　ペッシェ
魚の形をしたパスタ。

STELLINE　ステリーネ
星形のパスタ。粒状で主にスープに入れて食べる。

SEDANINI　セダニーニ
縦に筋の入った筒形パスタ。

PENNE　ペンネ
「ペン先」の意味をもつマカロニ・タイプのパスタ。

CANNELLONI　カッネローニ
大きな筒状のパスタで、中に具を詰めて使う。

CAPELLINI　カッペリーニ
直径0.9mmほどの細いパスタ。「髪の毛」の意味。

PUNTETTE　プンテッテ
米の形をした粒状パスタ。

ANELLINI　アネッリーニ
「指輪」の意味をもつリング状の粒状パスタ。

TAGLIATELLE　タリアテッレ
「切る」の意味をもつ、薄くのばした生地を細く切ったパスタ。

MACCHERONI SELENI　マカロニ・セリーニ
長いタイプのマカロニ。

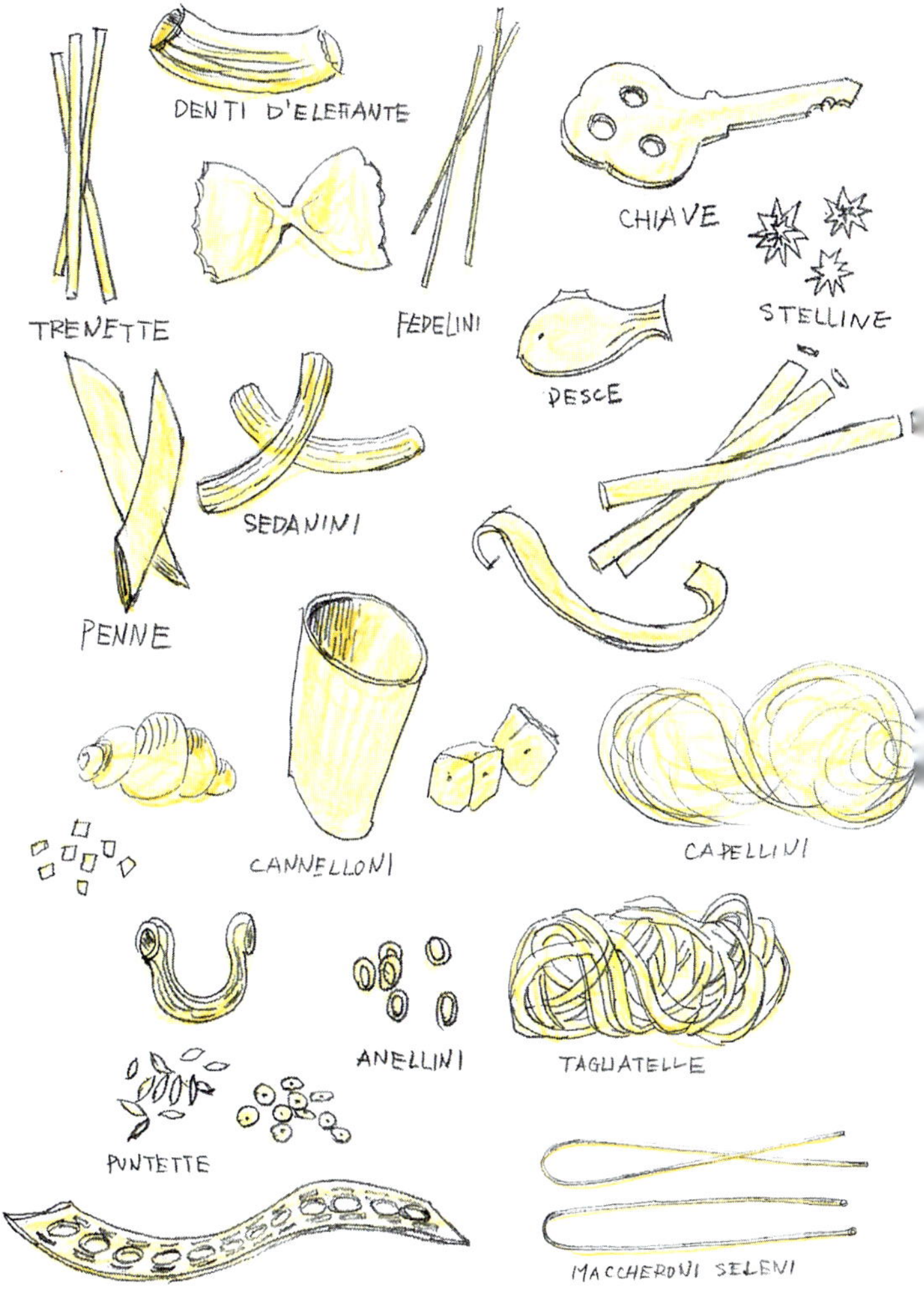
DENTI D'ELEFANTE
TRENETTE
FEDELINI
CHIAVE
STELLINE
PESCE
SEDANINI
PENNE
CANNELLONI
CAPELLINI
ANELLINI
TAGLIATELLE
PUNTETTE
MACCHERONI SELENI

この作り方を基本にして、どんどんパスタを作ってください

にんにくのスパゲッティ

アーリオ・オーリオ、これがパスタの基本形。にんにくと赤唐辛子の味、香り、辛みをつけたオリーブ油のソースで、ゆでたパスタをあえます。

オリーブ油を入れたフライパンに、にんにくと赤唐辛子を加えて、弱い火にかけます。だんだん、にんにくに色がついてきます。きつね色になったらソースのでき上がり。これが、アーリオ・オーリオです。

このアーリオ・オーリオソースはスパゲッティにからめるだけでなく、さまざまなレシピで登場してきます。これで菜の花やベーコン、ほたるいかを炒めてパスタにからめてもいいですし、きのことオリーブ油も相性がよいので、炒める料理には必ずアーリオ・オーリオを使います。トマトソースを作るときにも使いますよ。

また、パスタをゆでるときには、僕は細いパスタが好きなので、ゆでるお湯の1%くらいの塩を加えます。あんまり入れすぎると、パスタ自体に塩分がついてソースがしょっぱく感じてしまいます。

にんにくを色づくまで
炒めるのはパスタの基本

作り方は次ページ

にんにくのスパゲッティ

材料（4人分）

スパゲッティ（直径1.6mm）
……………………………280g

にんにく（みじん切り）
……………………大さじ1

赤唐辛子（種を除き粗く刻む）
……………………………1本

オリーブ油……大さじ6～8

パセリ（みじん切り）……適量

塩、こしょう…………各適量

作り方

❶スパゲッティは3ℓの湯に対して塩30gを加えてゆでる。スパゲッティをゆでると同時にフライパンにオリーブ油とにんにく、赤唐辛子を入れて弱火にかけ、にんにくが色づくまでゆっくりと炒める。

❷①のにんにくが色づいたら、スパゲッティのゆで汁を少々加えてフライパンをゆする。

❸フライパンの火を止め、ゆでたてのスパゲッティを入れる。手早くソースであえて、パセリ、塩、こしょうをふって皿に盛る。

●この本で僕が使っているパスタのほとんどは、スパゲッティ（直径1.6mm）、フェデリーニ（直径1.4mm）、カッペリーニ（直径0.9mm）のいずれか。いずれも細めのパスタだから、ゆでる湯に加える塩の量は1％くらい。湯3ℓに対して30gほどの量です。

SPAGHETTI AGLIO OLIO E PEPERONCINO

にんにくのスパゲッティ

夢も希望もないスパゲッティ
具も何もはいってないパスタ

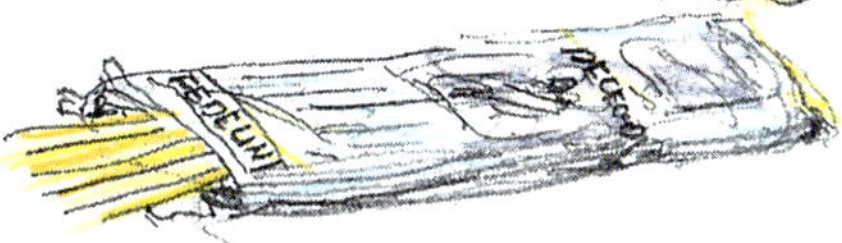

冷蔵庫に何も具のない時 必殺のスパゲッティ

オリーブ油とにんにく、とうがらしをなべに入れ
にんにくがきつね色になるまでゆっくりといためる。いたまったらスパゲッティのゆで汁を少々加えておくとにんにくがこげない

パスタは3ℓに
30gの塩を加えた
熱湯でアルデンテ
にゆで上げる

ゆで上げたスパゲッティを
ソースであえパセリ 塩コショウ
で調味して皿に盛りつける

忘れられない僕の思い出の味

ミラノ風カルボナーラ

ずいぶん昔からあったらしいのですが、それでも、人気がすたれません。卵、生クリーム、ベーコン、パルメザンチーズが主材料です。こってりした味わいです。本当においしいものだから、いつまでも消滅しないで人気があるのでしょう。「時代を超えて本当にいいもの」の代表のようなものだと思います。

これほどの人気ですから、細長いイタリアにはいろんな地方の特色を込めたカルボナーラがあります。日本のお寿司にいろんな地方色があるように、カルボナーラも山のこちら側と向こう側じゃ違ったりします。

僕はカルボナーラにはたいそう深い思いがあるので、地方に行くたびに食べ比べてみました。旅行の楽しみにしてたくらいです。いろんな作り方、味がありました。たとえば、カルボナーラには必須のはずの生クリームを使わない土地もあります。特に、ローマでは生クリームを使っていませんでした。

チーズも、パルメザンのところもあればペコリーノのところもあり、地域によっては半々で加えるところもあります。このことだけでも、どんなにイタリア人がカルボナーラを大切にしているかがわかるでしょう。

材料においてイタリア全土で変わらないのは、パンチェッタと黒こしょうです。パンチェッタというのは塩漬け豚ばら肉のことです。日本ではパンチェッタが手に入らなかったのですが、今は輸入が可能になっています。

しかし僕のレシピでは、日本流にベーコンを使ってカルボナーラを作ります。でも、これはこれで、充分においしいと思います。燻製《くんせい》臭をうまみに変えていけばいいのですから。これが、フィールドと考えの関係です。

よく考えることですが、今でこそカルボナーラはオーソドックスですが、これを考え出したとき、世に出てきたときには、きっと、画期的なものであったはずなんです。だから、神棚にまつってしまうことはない。どんどん、新しくしていっていいんだと思います。

ミラノ風カルボナーラ

材料(2人分)

スパゲッティ…………160g
ベーコン…………………80g
にんにく(つぶす)……1かけ
オリーブ油…………大さじ2
A┌白ワイン………大さじ2
　└生クリーム……大さじ4
サフラン…………………少々
卵…………………………2個
卵黄…………………2個分

B┌生クリーム……大さじ2
　│パルメザンチーズ(すりおろす)……大さじ2
　└塩、こしょう……各少々
C┌パルメザンチーズ(すりおろす)……大さじ2
　└塩、こしょう……各少々
塩…………………………適量
黒粒こしょう(粗く砕く)…………少々

作り方

❶ベーコンは1cm角の拍子木切りにする。

❷フライパンににんにくとオリーブ油を入れ、弱火で炒める。にんにくが色づいたら、ベーコンを加え、脂を出しながらよく炒める。

❸②にAを加え、サフランを指でもみくずして加え、½量になるまで煮つめる。

❹卵、卵黄は箸で溶きほぐし、Bを加えてよく混ぜる。

❺スパゲッティは塩を加えた、たっぷりの熱湯でアルデンテにゆで、③に加えて火を弱める。手早く④の卵液を加えて卵が固まらないように混ぜ、Cを加えて混ぜる。器に盛り、黒粒こしょうをふる。

●サフランを入れるのはミラノ風のカルボナーラ。これは卵をとろっとからめるのが命。もし卵に火が入りすぎそうになったら、パスタのゆで汁を少々加えて。

SPAGHETTI ALLA CARBONARA

カルボナーラ風スパゲッティ

僕が中学生の頃、学校から帰ると、戸棚に黄色いうどんみたいなものが入っていたことがありました。食べてみると、冷たかったけど、チーズの味がしてベーコンが入っていて、こんなにおいしいものがあるのかと。

母が金倉さんのお宅からいただいてきたカルボナーラでした。母は外交官だった金倉家の家政婦をしながら、女手ひとつで3人の兄と僕を育ててくれたのです。冷えたカルボナーラなんて、今では願い下げですが、それが僕のパスタ初体験です。

日本人がケチャップのナポリタンかミートソースのスパゲッティしか知らなかった時代のことです。その後、金倉氏の紹介でミラノの総領事館でコックとして働くことが決まりました。決まったとき、どうせ行くなら、本場のパスタ料理を覚えて、日本に帰ったらうんとおいしいパスタ屋をやろうと思ったんです。

公邸で働きながら、休日は評判の店を食べ歩くという毎日でした。そうして5年間のコックの仕事を終えて帰国しました。そして片岡護の店「アルポルト」を開店して今年で24年目。金倉夫人は十数年前に亡くなられ、金倉氏は90歳を過ぎても週に一度は店に食べにきてくださったのですが、ついに他界。

でも僕の料理の原点は、やはり金倉家のカルボナーラ。始まりはあの一皿でした。

卵とクリームがからまった
僕の思い出深いパスタ

リングイーネ・ペストジェノベーゼ

馥郁とした夏ならではの香り

イタリアの夏はどこを向いても色とりどりで、外出するのが楽しみでした。通りの家々の窓からは、赤、黄、淡いブルー、紫の花々が顔を見せていますし、野菜の市場をのぞくと、色の濃い原色の夏野菜で色の洪水のようです。なすの濃い紫、きゅうりやセロリ、バジリコなどの緑の濃淡、トマトはもちろん真っ赤で、三色のピーマンはぴかぴか光ってはちきれそうです。

その中でも特に、バジリコは夏だけの特別な香り。馥郁《ふくいく》という言葉がこれほど似合う緑もありません。バジリコをにんにく、松の実、くるみ、オリーブ油と一緒にミキサーにかけてペーストにします。これは簡単な方法です。

イタリアのおばあちゃんのように作りたいなら、すり鉢を用意します。バジリコ、にんにくを丹念にすって、よく煎った松の実とくるみを加えてすり、パルメザンチーズとオリーブ油を加えてのばし、塩とこしょうで調味します。オリーブ油は、なにがなんでもエクストラ・バージン・オリーブ油でなくっちゃいけません。

バジリコは香りがとっても強いけれど、こっそりと繊細な香りが奥には満ちているのです。これは、旬の素材がもつ共通の奥行きというものです。季節が本物の素材にだけもたせてくれる力とでもいうのでしょうか。

旬のバジリコであればこそ、生搾りのオイルの繊細さがなければバランスがとれません。作ってすぐよりも、4〜5日おいたほうが熟成してまろやかになります。色が多少落ちますが、色よりも味。深みが出ます。

バジリコの葉は洗ってはだめです。水分が入って香りが薄まりますし、傷みやすくなる。なにもいいことはありません。

初めてイタリアに渡った当時、日本にはこんなソースはありませんでした。でも、知識としてはあったから、パスタにからまった緑を見て、香りをかいだときには、ああ、こうなんだーって、嬉しかったです。ああ、これだ。バジリコって、こんな香りがするんだ。

ただ、ミラノではバターを入れていたから、すごくしつこかったです。ミラノは北のほうにあるから、フランスっぽい作り方をしていたのだと思います。

パスタはリングイーネでどうぞ。

リングイーネ・ペストジェノベーゼ

材料(2人分)
リングイーネ……160g
さやいんげん……10本
じゃが芋……1個
松の実、くるみ……各少々
ペストジェノベーゼ……大さじ6
オリーブ油……大さじ2
パルメザンチーズ(すりおろす)……大さじ1
バジリコ……6枚
塩……適量

ペストジェノベーゼの材料(400mℓ分)
バジリコ……50g
松の実……70g
くるみ……30g
にんにく(みじん切り)……1かけ
塩、こしょう……各少々
オリーブ油……250mℓ
パルメザンチーズ(すりおろす)……70g
※作り方は次ページイラスト参照

作り方

❶いんげんは長さを半分に切り、じゃが芋は皮をむいて棒状に切る。木の実は軽くローストして粗く刻む。

❷塩を加えたたっぷりの熱湯に①の野菜を入れ、野菜に火が通ってきたらリングイーネを加えて一緒にゆでる。パスタはアルデンテに、野菜は柔らかめにゆでるのがコツ。

❸ボウルにペストジェノベーゼ大さじ4とオリーブ油を入れ、ゆで上がったパスタと野菜、パルメザンチーズ、パスタのゆで汁50mℓを加えてよく混ぜる。

❹皿に盛り、残りのペストジェノベーゼをかけて木の実を散らし、バジリコをのせる。

〜 PESTO GENOVESE 〜
ペストジェノベーゼの作り方

⇓

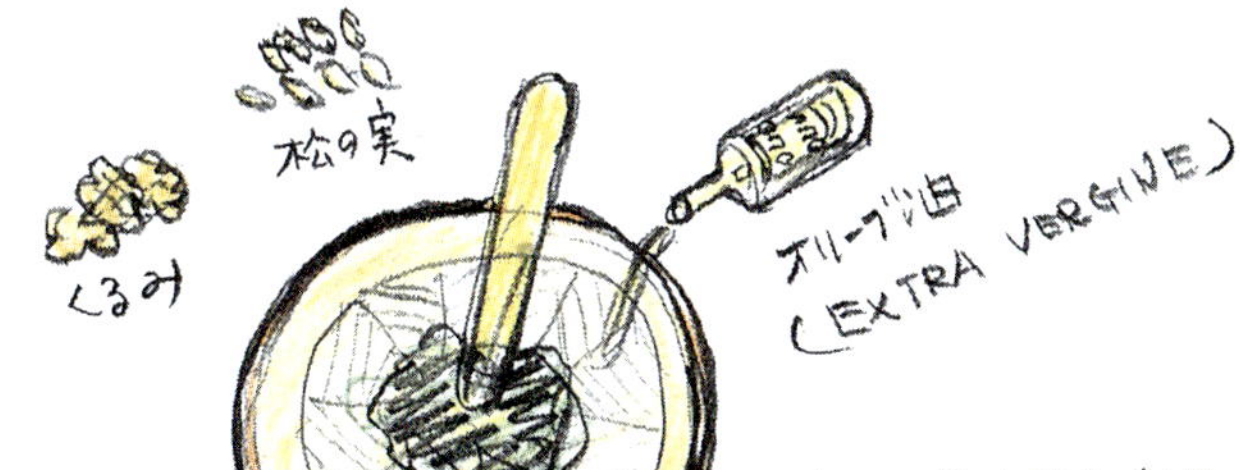

イタリアでは モルタイオ という 大理石の すり鉢 で すりますが 日本のすり鉢のような ギザギザ が ないので すると いうよりつぶすという感じです

MIRTOの実

この実を使ったリキュールが
サルディニアで有名

第2章

絶品古典派パスタ

イタリア風煮込みの代表選手

ミートソースのスパゲッティ

おなじみ、ミートソースです。「パスタの入門はミートソースから」と言うくらいに基本のソースです。日本でも、「味噌汁も作れないようじゃあねえ」と、口うるさいおじさまやおばさまがおっしゃいますが、イタリアではトマトソースとミートソースです。

ミートソースはイタリアでは、「イル・ラグー」とも「ボロニェーゼ」とも言います。「ラグー」という言葉は本来は「煮込む」という意味です。「イル」は定冠詞です。つまり、「ザ・煮込み」。なにしろ、煮込みの代表ということなのですから、イタリアにおけるミートソースの位置がおわかりいただけると思います。

「ボロニェーゼ」という言葉は、「ボローニャ流の」という意味で、別名「サルサ・ボロニェーゼ」とも言います。つまり、ボローニャのソースということです。

ボローニャはエミリア・ロマーニャという州の都市の名で、そこでは、ひき肉を煮込んだソースが有名だったので、そういう名前で呼びならわされているんです。

これも、カルボナーラと肩を並べて、とても古くからあるソースです。まあ、肉を煮込んでソースにしようということは誰しも考えることで、どこが発祥かと今からでは探せもしない、相当の昔から作られていたと想像できます。肉があるところ、ひき肉はできますから、地方によっていろいろな作り方があります。肉の種類——牛、仔牛、羊、豚、鶏——、入れる野菜などが違って、幾種類にものぼります。

応用編は、これにきのこを入れることができますし、肉を豚と牛の合いびきにする、羊の肉にする、と、いろいろ。肉でなくても、生ソーセージでもいいんです。ちょっと材料に凝れるなら、生ハムの脚の部分を入れても結構です。レモンの皮を入れることもあります。

ひき肉を炒めるときにオリーブ油でなく、ラードとバターを使うこともあります。こうすると、重量感が増します。家によって、それはそれは、いろいろです。

ミートソースのスパゲッティ

材料(12人分)

スパゲッティ(直径1.6mm)……1.1kg

にんにく(みじん切り)……大さじ1

オリーブ油……大さじ8

A
- にんじん(みじん切り)……½本
- 玉ねぎ(みじん切り)……1½個
- セロリ(みじん切り)1本

牛ひき肉……800g

豚ひき肉……500g

赤ワイン……カップ1

トマト水煮缶……1.5kg

固形ブイヨン……2個

水……500mℓ

香辛料(ベイリーフ、ローズマリー、ナツメグ、シナモン、オレガノ)……適量

塩、こしょう……各適量

パルメザンチーズ……適量

作り方

❶にんにくはオリーブ油できつね色になるまで弱火でよく炒める。

❷①にAを加えて、あめ色になるまで1時間ほど炒める。

❸②にひき肉を加えて、塩、こしょうをふって、中火で炒める。鍋底に焦げ目がつくくらいまで炒めたら、赤ワイン、トマト、固形ブイヨン、分量の水、香辛料を加えて、3～4時間煮込む。

❹スパゲッティをアルデンテにゆで、③のソースをかけ、パルメザンチーズをかける。

●スパゲッティは1人前90g、ソースは140gが目安です。

SPAGHETTI ALLA BOLOGNESE
ミートソースのスパゲッティ
人参
玉ねぎ
セロリ
にんにく
ホールトマト
ブイヨンキューブ
ナツメッグ
ローズマリー
ベイリーフ
牛豚ひき肉
ブイヨン
オリーブ油
塩コショウ
パスタ
にんにくとオリーブ油を鍋に入れてにんにくがきつね色になるまでいためる
にんにくがきつね色になったら野菜のみじん切りを加えてさらに1時間ゆっくりといためる
いためた野菜の中にミートを加え塩コショウをしていため赤ワイントマトホールブイヨン香辛料を加えて3時間煮込む
スパゲッティをアルデンテにゆで上げ皿に盛りミートソースを上からかけパルメザンチーズをそえる!!

ペンネ・アラビアータ

材料(2人分)
ペンネ……………………120g
赤唐辛子(種を除きちぎる)
……………………………2本
オリーブ油…………大さじ2
トマトソース(作り方は128ページ参照)…………カップ1
パルメザンチーズ(すりおろす)……………大さじ4〜5
パセリ(みじん切り)……少々
塩、粗びき黒こしょう
……………………………各適量

作り方

❶フライパンに赤唐辛子とオリーブ油を入れて弱火にかけ、赤唐辛子の辛みをオリーブ油に移す。

❷トマトソースを①に加えて温める。

❸ペンネは塩を加えたたっぷりの熱湯でアルデンテにゆでる。

❹②のソースにペンネを加えてあえ、パスタのゆで汁少々とパルメザンチーズ大さじ3〜4を加えて混ぜる。

❺パセリ、塩、粗びき黒こしょうを加え、手早く混ぜて器に盛り、残りのパルメザンチーズをふる。

トマトの味が生きた
ピリッと辛いシンプルパスタ

貝のうまさたっぷりの濃厚な味

あさりのパスタ

あさりは、大変安上がりで、そのうえおいしい。だから、みんなが喜ぶ。

ところで、あさりは、もう、ボンゴレのパスタということでおなじみですね。

トマトソースで煮たロッソ（＝赤）と、塩味だけのビアンコ（＝白）と、2種類がありますが、僕は、どちらかというと、う〜ん、どちらも好きです。いい加減ですみません。血液型がB型なものですから。

ロッソにするときには、にんにくをオリーブ油で炒めて、あさりとトマトソース、パセリ、オレガノを入れます。クツッと煮て、パスタとからめます。

一方、ビアンコは、トマトソースとオレガノを抜きにして、アンチョビペーストを少々しのび込ませて塩味をつけるのがイタリア流です。

アーリオ・オーリオを作って、その中にあさりを投入。しばらくすると貝の口が開いてきます。

簡単なことですから、ぜひ、お試しください。ただし、ペーストを入れるのは夏

場のあさりの場合だけです。冬のあさりは身が小さくて塩味が濃いので、塩分過多になります。冬のあさりのスパゲッティには、アンチョビペーストは入れません。

　それにしても、このスパゲッティを上手に作れるようになると、みなさんの足がレストランから遠のくかなあ。それでは困るんだけれど。

　あさりは殻つきでなくてもかまいません。ロッソのときには、むしろ、むき身をお使いください。あさりの身をパスタにからめて濃厚なだしで……、うーん、おいしそう。想像しただけでもよだれが出てきそうです。

　潮の香りのする、盛夏のパスタの味です。

　パスタはフェデリーニという細いパスタで。

あさりのパスタ

材料（4人分）

フェデリーニ（直径1.4mm）……………………280g

あさり（殻つき）…………1kg

にんにく（みじん切り）……………………大さじ1

赤唐辛子（種を除き粗く刻む）……………………2本

オリーブ油…………大さじ8

パセリ（みじん切り）……適量

白ワイン…………大さじ3

アンチョビペースト……………………小さじ½

塩、こしょう…………各適量

作り方

❶フライパンににんにくと赤唐辛子、オリーブ油を入れて弱火にかけ、にんにくが色づくまで炒める。

❷フェデリーニを塩を加えた熱湯でゆで始める。

❸①に塩水につけて砂抜きしたあさり、パセリ、こしょう、白ワインを加えて強火にしてふたをする。あさりの口が開くまで火を通す。

❹あさりの口が開いたらふたを取り、フライパンをゆすって煮汁を½量まで煮つめる。アンチョビペーストを加える。

❺パスタがゆで上がったら④に入れてあえ、最後にパセリとこしょうをふる。

～ SPAGHETTI ALLE VONGOLE BIANCO ～

〟あさりのスパゲッティ〟

①

弱火で

にんにくがきつね色になったらあさりを加え パセリみじんコショウと白ワインを加える

②

ふたをしてあさりの殻がひらくまで火を通す

③

煮汁を半分まで煮つめる

④

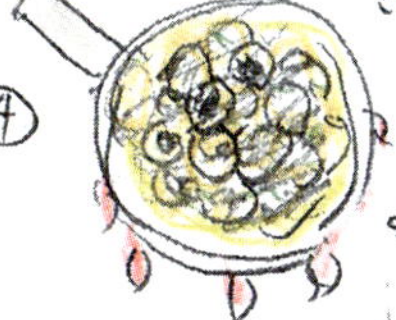

⑤

塩を少し加えた熱湯
アルデンテに ゆでる

⑥

⑤のパスタを④のソースの中に加えてまぜ合せ パセリとコショウで仕上げる

※トマトソース入りのあさりソースはホールトマトを②で加えて作る

あらゆる魚介がパスタに合います

海の幸のスパゲッティ

海の幸のソースは、海辺の街の方ならどなたにでも作れますね。きっと、とびきり新鮮ないかやえびが手に入って、ごそごそ動いていたりするんでしょうか。そういうので作るのが、このソースの本来の姿ですから、本来の味ができ上がることでしょう。

東京の僕の厨房で作るよりも、きっと数倍おいしくできるんだろうな。羨ましいです。メインは、いか、えび、あさり。これに、さまざまに取り合わせます。

海のものなら何を入れてもかっこうがつきます。から揚げにした魚の身なんかも面白いと思います。めばる、すずき、鯛、ほうぼう、いさきなど。青魚は入れません。かじきを使うと、鍋の中が俄然イタリア国籍になります。

ナポリの南、ポジターノという土地では、こういう煮込みが「アクアパッツァ」になります。トマトを入れず、ムール貝やあさりを入れて、オリーブ油と水だけで魚を煮ます。自然の味だけの煮込みです。きっと、こういう調理法がこの土地には向いているのでしょう。海辺の村々には、魚介の煮込みにもいろんな形があります。だから、旅をするのが面白いですね。

さて、このパスタには、いか、えび、あさり、ムール貝、帆立て貝、しゃこを使いましょう。にんにく、赤唐辛子をオリーブ油で炒めて、ブツブツ切った魚介を入れて、炒め合わせます。帆立て貝はひももたたいて使います。そして、白ワインを加えて、蒸し煮にします。トマト水煮、パセリ、塩、こしょうを加えて、30分間煮込みます。30分がもっとも魚介がいい味を出す時間です。これ以上煮ると、味が出すぎて、かすになってしまいます。ゆでたてのパスタをからめます。あまりごちょごちょせず、シンプルに勢いよくが身上です。

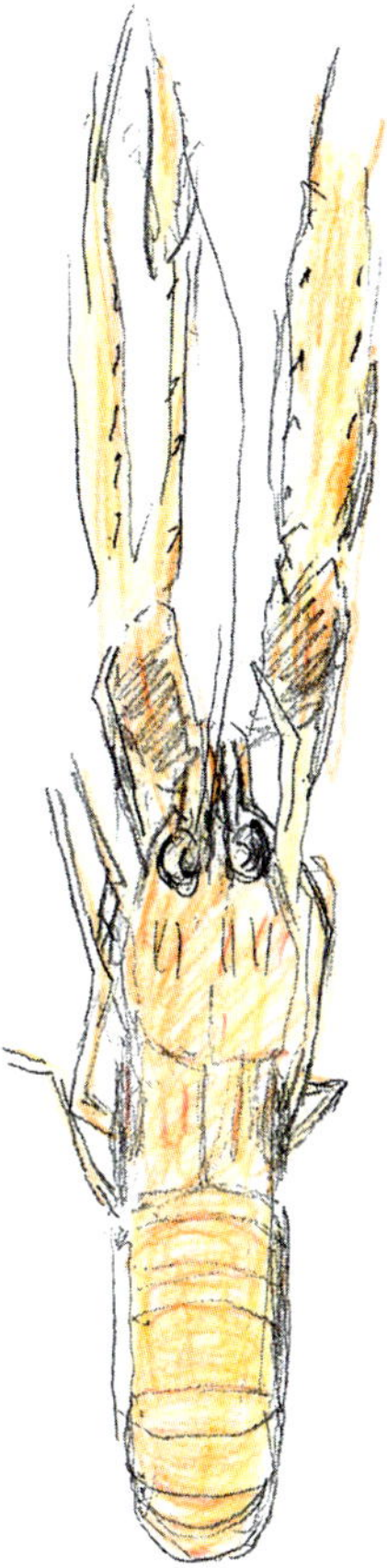

SCAMPI

海の幸のスパゲッティ

材料（４人分）

フェデリーニ…………280ｇ
いか……………………２杯
帆立て貝（殻つき）………２個
えび……………………８尾
あさり（殻つき）…………300ｇ
ムール貝（殻つき）………200ｇ
しゃこ…………………４尾
にんにく（みじん切り）
　……………………大さじ１
赤唐辛子（種を除き粗く刻む）
　……………………１本
オリーブ油…………大さじ６
白ワイン……………カップ½
トマト水煮缶…½缶（200ｇ）
パセリ（みじん切り）
　……………………大さじ２
塩、こしょう…………各適量

作り方

❶いかはわたを抜いてよく洗って皮を取り、ぶつ切りにする。帆立て貝は殻から取り出して、貝柱とひもを分け、ひもはたたいておく。えびとしゃこは水でよく洗っておき、あさりは塩水につけて砂抜きをする。ムール貝は殻をたわしでよくこすり、繊維を取っておく。

❷にんにく、赤唐辛子、オリーブ油を鍋に入れ、弱火にかけ、にんにくが色づくまで炒める。色づいたら①を入れて炒め合わせる。

❸火が通ったら、白ワインを加えてふたをして蒸し煮にする。煮立ったら、トマト、½量のパセリ、塩、こしょうを加えて30分煮込む。

❹フェデリーニを塩を加えた熱湯でゆで始める。

❺ゆでたてのパスタを皿に盛って③のソースをかけ、残りのパセリを散らす。

魚介のうまみが凝縮された
ごちそうパスタ

色とりどりの野菜とクリームのやさしい味わい

春野菜とクリームのスパゲッティ

野菜は季節のメッセンジャーですから、春を強調したパスタを作りたいなら、そら豆も、菜の花も、グリンピースも竹の子も、とにかく春野菜をたくさん入れるという手があります。いろいろな形、いろいろな色合い、フィレンツェの絵画のような華やかさが生まれます。

こういうときには、器にも目を向けたいですね。僕は花柄が好きだから、グリーンの花柄の可愛いお皿に入れたい。中身が色とりどりだから、お皿の色合いはひかえめに。しかし、地味なだけではだめ。きちんとパスタを引き立てる役目を果たしているものでなければならない。絵に対する額縁みたいなものですから、結構難しいものです。

器は料理を盛るという役目だけでなく、器から新しい料理を発想するということも、ときにはあります。この器に、どんな料理が似合うだろうか。イタリアの器は個性が強いんです。それに負けないだけの料理が欲しい。

こうしたイタリアの食器の存在は、今日のイタリア料理の発展のひとつの要素であったかもしれないとさえ思えることがあります。

日本人って協調性に富んではいるんだけれど、ちょっと変だなと思うのは、お皿ひとつをとっても、同じ方向になびく傾向があることです。ある一人の人が考えて、よし、こういうことをしよう、こういう器を使おうと思った。それは、その人の考えであり、その人の料理に見合った器なのに、右へならえをしてしまう。

そういう意味では、イタリアは個性を大切にしますから、自分なりの考えをくっきりとお皿にも表します。人と同じことはしない。

どこかで誰かが素晴らしいことをやってのけたなら、じゃあ、自分ならどんな料理を作れるだろうかと考える。だから、天才も生まれるし、芽をつぶさず育てることができるのでしょう。

さあ、あなたは、この春いっぱいのパスタをどんな器に盛りますか？

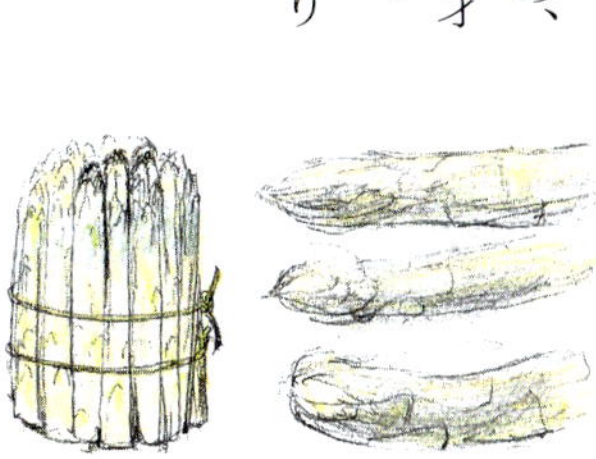

ASPARAGI

春野菜とクリームのスパゲッティ

材料(4人分)
スパゲッティ…………240g
春野菜(グリーンアスパラガス、そら豆、菜の花、グリンピースなど)………適量
赤唐辛子(種を除き小口切り)……………………2本
ロースハム……………50g
生クリーム……………300mℓ
バター…………………30g
塩、こしょう…………各適量
パセリ(みじん切り)……………………大さじ2
ローズペッパー………少々

作り方

❶鍋に塩を加えた湯を沸騰させ、食べやすく切った春野菜をサッと下ゆでする。野菜がゆで上がったら、湯は捨てずにパスタをゆでる。

❷フライパンにバターを熱して、赤唐辛子、ゆでた春野菜とちぎったロースハムをサッと炒めて塩、こしょうをする。

❸②に生クリームを加えてちょっと煮つめ、ゆで上がったパスタを加えてからめる。

❹器に③を盛り、パセリとローズペッパーを散らす。

春野菜とクリームの
絶妙なバランス

新鮮ないか墨には濃厚な味が凝縮

いか墨のスパゲッティ

ミラノの総領事館にいた頃は、日本料理をやっていましたからいかはよく買いました。てんぷらにしたり、焼いたりしたのです。が、墨は嫌いだったからぽんぽん捨てていました。使いようもないし……。

ところが、イタリアに住んで、2～3年してから、墨がおいしいことを知りました。イタリアの魚屋はね、まぐろのとろを使わないからって捨てるんです。そういう光景を目にすると、僕にしてみれば、ああ、もったいないと思います。僕がいか墨を捨てたのも同じことですね。何を大切にするかということは習慣の違いにかかってくるのでしょうが、面白いことだと、今になれば大笑いです。でも、金倉総領事はいか墨をお好みでなかったから、あまり、使わなかったんですけど。

その後、いろいろと墨を使い比べてみると、向こうの墨いかの墨は濃くて、パスタを食べたあとは歯が真っ黒になってしまいます。その点、日本のものは墨が薄いようです。また、やりいかの墨は甘い。墨いかは味は薄いけれど量が多い。うちではミックスするんですけど、墨にも味があるんですよ。

いか墨は内臓の類ですから、いかが新鮮であることが必須です。墨いか、やりいか、あおりいかが向いています。近海ものを選んでください。冷凍もののいかや、いか墨のパックはだめです。新鮮なものだからこそ墨もおいしいのですから、新鮮ないかがないのなら、無理をしてやることはありません。

日本の魚屋さんはていねいなので、墨袋がつぶれて、いかが真っ黒けなんてことは、あまり見かけません。が、イタリアという国はそういうデリカシーはないので、大半は袋がつぶれています。イタリアのいかは真っ黒。墨を取ろうにもどこに何があるのかわからないような状態で、まったく参りました。

最近、いか墨に制癌作用があるというので、とれたところで粉にして、パスタやパンに練り込んで使われています。健康が気になる方にとても人気があると聞いています。そういう意味では、人気があるのは身体のためにもいいことだと思います。

いか墨ありますか？　なんて、妙齢のご婦人までも、夢中といった体《てい》で。なんで、こんなにみなさんいか墨がお好きなんでしょうね。別に悪いわけじゃないけれど、この人気の所以《ゆえん》は一体どこにあるのだろうかと思うことがあります。

いか墨のスパゲッティ

材料（４人分）
フェデリーニ…………280g
にんにく（みじん切り）
…………………大さじ１
赤唐辛子（種を除き粗く刻む）
…………………２本
オリーブ油…………大さじ６
いか（墨いか、やりいか、あおりいかなど）…………500g
いか墨
２kg分のやりいか、または墨いか３〜４杯分の墨
白ワイン…………カップ½
トマトソース（作り方は128ページ参照）…………カップ１
パセリ（みじん切り）
…………………大さじ２
塩、こしょう…………各適量

作り方

❶にんにく、赤唐辛子、オリーブ油を鍋に入れ、弱火にかけ、にんにくが色づくまで炒める。

❷いかはよく洗って皮をむき、ぶつ切りにする。これらを①に入れて炒め合わせる。いかの色が変わったら、いか墨を加えてよく炒める。

❸火が通ったら、白ワインを加えてふたをして蒸し煮にする。煮立ったら、トマトソース、パセリ、塩、こしょうを加えて１時間煮込む。

❹フェデリーニを塩を加えた熱湯でゆで始める。

❺ゆでたてのパスタを③の鍋に入れて、ソースをよくからめて皿に盛る。

●トマトソースは市販品でもいいです。

～ SPAGHETTI NERO ALLA VENEZIANA ～

いかすみのスパゲッティ

LIMONE

第3章

野菜で作るパスタ

スペインの伝統料理をパスタに

ガスパッチョ風カッペリーニ

ついこの間までは、伝統的に冷たいパスタ料理というものは、イタリアにはありませんでした。しかし、近頃では盛夏には涼しくて食べやすいと人気があります。パスタを冷たくして食べる方法を考えたのは、イタリアのマルケージさんという有名な料理人です。が、そのヒントは、なんと、日本に来てそばを食べて……、というのですから愉快です。

マルケージさんは、イタリアに帰って冷たいパスタのキャビアソースを作り、大変話題になりました。日本からみれば、なあんだというところですが、イタリアの人にしてみれば、パスタが冷たいなんて……とびっくり。で、日本はコロンブスの卵さながら、麺料理の逆輸入ということになったわけです。

ガスパッチョはスペインの自慢料理ですから、みなさんもご存じでしょう。たくさんの夏野菜を取り合わせて冷やしたスープです。

にんじん、玉ねぎ、セロリ、きゅうり、ピーマン、トマトを粗く切ります。

バットに入れて、オリーブ油と塩、こしょう、酢、レモン、トマトジュースをひたひたに入れて、一日マリネします。翌日、ミキサーにかけ、塩で調味。これででき上がりです。

しゃばしゃばしていません。ソースになるだけのとろみがあります。ですから、ゆでたカッペリーニをあえて立派なパスタになるのです。

もしも、もう少し品よく仕上げたいなら、半量だけを裏ごししてカッペリーニをあえ、上に飾りとして、残した玉ねぎ、ピーマン、きゅうりやあさつきなどをあしらいます。

サッパリとしていますから、変形はいくらでもできます。

ゆでてスライスしたあわびを入れると、海と野のソースになります。あわびのことを思いついたのは、アッパローネという、あわびのガスパッチョの前菜があるんです。それで、即刻、思いつきました。

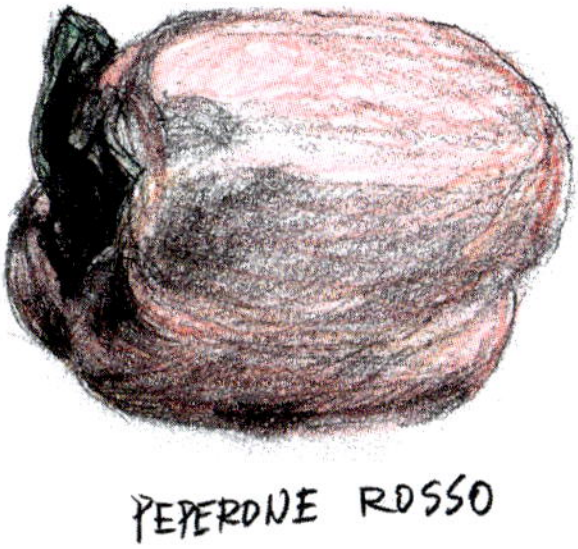

スペインを旅行したときに、ガスパッチョとパエリアばかり食べていました。両方とも好きなんです。どうも、僕はひとつのことに集中してしまう性格らしくて、食べ続けていたら、おいしいイメージが自ずと身についてしまったようで。

そうなると、そのイメージをどうにか表現したい。暑いときに冷たいガスパッチョが出ると、掛け値なしにうまいなあと思いますよね。そんなことを頭に入れて考えていたら、知り合いのフランス料理の人が生の夏野菜をたくさん使ってとっても素敵な料理を作った。

じゃあ、僕はどうしようかって考えて……。

ガスパッチョはあわびに合うか、白身魚に合うか、パスタに合うか……。いろいろと考えるんです。で、あっ、そうだ、僕が作るならパスタのソースじゃないか！これで決定！

スペインで初めて飲んだひと口は、野菜が濃い、甘い、香りが高い。実に野菜の本来の味がする。驚きました。その感動を忘れたくないから、いつもうんと頑張って作るのです。みなさんも、新しい、よく実った、いい野菜で作ってください。

スペインの冷製スープを
パスタのソースに

作り方は次ページ

ガスパッチョ風カッペリーニ

材料（４人分）
カッペリーニ（直径0.9mm）……120g
トマト……３個
ピーマン……２個
カラーピーマン……1/3個
にんじん……２cm
玉ねぎ……1/2個
セロリ……２本
きゅうり……４本

A
- オリーブ油……大さじ５
- タバスコ、ウスターソース……各少々
- 白ワインビネガー……大さじ４
- レモン汁……大さじ１
- トマトジュース……800mℓ

塩、こしょう、オリーブ油……各適量
あさつき（小口切り）……大さじ２

作り方

❶トマト、ピーマン、カラーピーマン、にんじん、玉ねぎ、セロリ、きゅうりはそれぞれ粗く刻む。そのうちピーマン、玉ねぎ、セロリ、きゅうりは各大さじ１ずつ残しておく。

❷①とAの材料をバットに入れ、一晩おく。

❸翌日、②をミキサーにかけ、裏ごしして塩とこしょうをして味をととのえる。

❹カッペリーニは塩を加えたたっぷりの熱湯で２分ゆで、氷水にとってよく冷やし、水けをきる。（73ページ参照）

❺カッペリーニと③のソースを合わせて器に盛り、①で残しておいたピーマン、玉ねぎ、セロリ、きゅうりを上にかけ、あさつきを散らす。

~ GAZPACHO ~
ガスパッチョの作り方
赤黄緑ピーマン
トマト
人参
玉ねぎ
セロリ
タバスコ
トマトジュース
きゅうり
レモン
オリーブ油
ワインビネガー
塩
コショウ
野菜をざく切りにしてオリーブ油とトマトジュース等でマリネーする
1晩マリネーした野菜をミキサーにかけスープ状にする
さらに裏ごしにかけきめをこまかくするとのどごしがよくなる

うまいトマトはやっぱりパスタに合います

フルーツトマトのスパゲッティ

トマトは夏の代表的な野菜ですが、フルーツトマトは春が旬です。最近新しい農法でできた、コロコロと小さくてかたくて味が濃い種類です。かじると、本来のトマトというよりも、果物に近い香りがします。

未熟なものを買ってしまった場合は、２〜３日置いておくと、甘みが出てきます。生でももちろんおいしいのですが、ソースにすると、フルーツトマトだからこその味になって、トマトソースが２倍楽しめます。

イタリアでいろいろな地方を歩いたとき、地方が変わるごとにソースの味が変わる楽しみを覚えました。だから、新しくフルーツトマトが出るということを聞いたときに、また、おいしいものが作れるな、と嬉しくなったんです。

ソースがいつも同じだと、食べる側もそうでしょうが、作る側だって飽きちゃうものです。

パスタはフェデリーニを使います。

トマトの甘みと酸味が
凝縮されたパスタ

作り方は次ページ

フルーツトマトのスパゲッティ

材料（２人分）
フェデリーニ（直径1.4mm）……160ｇ
フルーツトマト……６個
オリーブ油……大さじ３
にんにく（みじん切り）……1かけ
赤唐辛子（種を除きみじん切り）……1本
バジリコ……14枚
トマトソース（作り方は128ページ参照）……カップ1
水……大さじ４
A 塩……1つまみ
A 粗びき黒こしょう……少々
塩……適量

作り方

❶フルーツトマトはへたを取って縦６等分のくし形に切る。

❷フライパンにオリーブ油、にんにく、赤唐辛子を入れて弱火で炒め、にんにくが色づいたら、①のトマトを加えて炒め、バジリコ10枚をちぎって入れ、トマトソースと水を加え、Ａで味をととのえる。

❸フェデリーニは塩を加えたたっぷりの熱湯でアルデンテにゆで、②のソースに加えてからめる。

❹器に盛って残りのバジリコをちぎって散らす。

●好みでペストジェノベーゼやリコッタチーズをのせてもおいしい。

～ SPAGHETTI AL POMODORO FRESCO ～

フルーツトマトのスパゲッティ

氷水で引き締めた極細パスタの食感のよさ

冷製カッペリーニ・フルーツトマトのケッカソース

イタリアには、「ケッカソース」という、生のトマトを刻んで加熱せずに仕上げるソースがあります。これはイタリアのケッカさんという人が考えたものだともいわれています。

ガスパッチョ風のスパゲッティと同様、これも冷たいパスタです。このパスタには、普通のトマトではなく、フルーツトマトでないとだめ。

フルーツトマトは、普通のトマトより糖度がぐんと高く、栄養価は30倍ともいわれています。トマトはお尻（へたがついていないほう）に白い筋が見えるのが新鮮な証拠です。

そしてパスタは細めのフェデリーニよりも、もっと細いカッペリーニを使いたいです。太さは直径０・９㎜。僕のおすすめは20年以上も愛用している、ディ・チェコのパスタです。これは製造工程で真ちゅうの板の穴から押し出すので、表面が適度にざらついてソースのなじみがいいんです。

極細パスタが決め手。
冷たくて爽やかなトマトの味

作り方は次ページ

冷製カッペリーニ・フルーツトマトのケッカソース

材料（2人分）
カッペリーニ……………80g
フルーツトマト…………4個
オリーブ油……大さじ2～3
バジリコ（細切り）………8枚
にんにく（みじん切り）
……………………小さじ1
バルサミコ酢……大さじ1
レモンの汁…………大さじ1
塩、こしょう…………各適量

作り方

❶フルーツトマトは湯むきしてへたを取り、一口大に切ってボウルに入れる。

❷①のトマトをオリーブ油、バジリコの⅔量、にんにく、バルサミコ酢、レモンの汁、塩、こしょうであえ、ケッカソースを作る。

❸カッペリーニは塩を加えたたっぷりの熱湯で2分ゆで、氷水にとってよく冷やし、水けをきる。

❹③のカッペリーニをケッカソースのボウルに入れてからめ、塩、こしょうで味をととのえる。カッペリーニを器に盛って、ボウルに残ったケッカソースをかけ残りのバジリコを飾る。

1細めのパスタ、フェデリーニ(直径1.4mm)よりももっと細い、極細のカッペリーニ(直径0.9mm)を使う。

2冷製パスタの場合は、やや柔らかめにパスタをゆでるのがコツ。氷水にさらしてパスタを引き締める。

3パスタの水けをきるときは、ざるにとったパスタの上から手の甲で押さえて余分な水分を落とす。

4パスタを中高に盛るには、最初に菜箸に巻きつけたパスタを皿の中央に置き、土台にするのがコツ。

くたくたブロッコリーのパスタ

イタリアと日本では、野菜のゆで方だって違います。ほうれんそうでも日本人はシャキッとゆでたのが好きです。ところが、イタリア人はくたくたにゆでたのが好き。肉食文化の国ですから、栄養のバランスをとるためには、野菜はよくゆでてかさを減らしたほうがたっぷりとれる、という事情もあります。

それに、イタリアの野菜は日本の野菜に比べてあくが強いから、よくゆでるものとされてきた、という習慣もあります。

でもね、たとえばほうれんそうをくたくたにゆでると、甘みが出てきます。シャキッとゆでたほうれんそうにはない甘みなんです。

このパスタは、ブロッコリーとパスタを一緒にゆでることによって、野菜の香りとうまみをパスタに移させます。一緒にゴトゴトとゆでて、つぼみなんかゆですぎでこわれてしまうんですが、これでいいんです。パスタにまとわりついたつぼみは、パスタに味をつけるソースの一部。イタリア流のとびっきりの調理法です。

ブロッコリーと一緒にゆでる
やさしい味のパスタ

作り方は次ページ

くたくたブロッコリーのパスタ

材料（2人分）
フェデリーニ…………160g
ブロッコリー……………1株
オリーブ油…………大さじ3
にんにく（みじん切り）
……………………2かけ
赤唐辛子（種を除きちぎる）
……………………1本
パセリ（みじん切り）
……………………大さじ2
生ハム……………………2枚
塩、こしょう…………各適量

作り方

❶ブロッコリーは小房に分け、茎は皮をむいて1～2cm角に切る。

❷塩を加えたたっぷりの熱湯にブロッコリーを入れ、1～2分待ってフェデリーニを加え（写真1）、一緒にゆでる。パスタがアルデンテになったら同時にざるにあける。ゆで汁はとっておく。

❸フライパンにオリーブ油大さじ2、にんにく、赤唐辛子を入れて弱火で炒める（写真2）。にんにくが色づいたら1/2量を取り出してキッチンペーパーにのせておく。

❹③のフライパンにパスタのゆで汁70～80mℓを入れ、パセリを大さじ1加え、生ハムをちぎりながら加える（写真3）。

❺④にゆでたパスタとブロッコリーを加えて、よくからめる（写真4）。水けが足りなければ、さらにパスタのゆで汁を加えて調節し、オリーブ油大さじ1、塩、こしょうで味をととのえる。

❻器に盛り、残りのパセリと③のにんにくを散らす。

1 パスタとブロッコリーを一緒にゆでる。ブロッコリーのつぼみがくずれても気にしないこと。

2 パスタをゆでている間ににんにく、赤唐辛子、オリーブ油を弱火にかける。

3 パスタのゆで汁を加えたら、フライパンをよくゆすってパセリと生ハムを加える。

4 ゆでたブロッコリーとパスタをそのままざるにあけ、フライパンに入れる。

フレッシュなトマトの味とバジリコのスッキリした香り

ベッペ風スパゲッティ

イタリアの代表的なソースであるトマトソースに、これまた代表的なソースであるバジリコのペーストを加えたパスタがこれです。

この取り合わせを、ベッペさんという人が考えついたから「ベッペ風」と呼びます。

トマトの酸味とバジリコの香りがミックスする、実にイタリアらしい、はっきりとした明るさが満ちています。

さてさて、バジリコのペーストといえば、そう、あれです。第1章でもお話ししましたペストジェノベーゼのことなのです。ペストジェノベーゼとは、バジリコに、にんにく、松の実、くるみ、パルメザンチーズ、オリーブ油を合わせてミキサーにかけた、あの夏らしい香りのするペーストです。

このペーストは、リグーリア地方のジェノバという港町で考案されたことからジェノバペースト、イタリア語で〝ペストジェノベーゼ〟と名前がつけられました。

味の決め手は、バジリコの香りと、そしてなんといっても鮮度の高いエキストラ・バージン・オリーブ油。こういうシンプルなソースには、素材のよし悪しが出てきます。どちらも新鮮なものを使ってください。

シンプルにベッペさんのソースを楽しむなら、ゆでたてのパスタにからめるだけで充分です。

ここにも、先のトマトソースと同じように、いろいろな素材を足していくことができます。

たとえば、鯛、揚げたなす、モッツァレラチーズ、リコッタチーズなどなど。

ベッペ風スパゲッティ

材料（４人分）
スパゲッティ…………280ｇ
フルーツトマト…………４個
バジリコ…………………４枚
にんにく（みじん切り）
……………………１かけ
赤唐辛子（みじん切り）…１本
オリーブ油…………大さじ４
トマトソース（作り方は128ページ参照）………大さじ８
ペストジェノベーゼ（作り方は30〜33ページ参照）
……………………大さじ６
塩、粗びき黒こしょう
……………………各適量

作り方

❶トマトはへたを取り、皮をつけたままくし形に切る。バジリコはせん切りにする。

❷にんにく、赤唐辛子、オリーブ油をフライパンに入れ、弱火でにんにくが色づくまで炒める。色がついたらトマトとバジリコを加えてサッと炒める。

❸②にトマトソースを加え、パスタのゆで汁少々を加えて弱火で煮る。しばらくたったらペストジェノベーゼ大さじ３を加えて混ぜる。

❹塩を入れた湯でスパゲッティをアルデンテにゆでる。

❺③のソースにゆで上げたパスタを加えてよく混ぜ、塩、こしょうで味をととのえる。皿に盛り、残りのペストジェノベーゼをかける。

トマトの酸味とバジリコの
ソースが絶妙にからまる

自家農園をやっている人はぜひ作ってほしい

農園風スパゲッティ

あれこれ多くの野菜を使うので、イタリア語で「オルトラーナ（農園スタイル）」と言います。イタリアの田舎へ行くと、個人所有の大きな農園がたくさんあります。こういう農園を「オルト」と呼びます。

オルトでもぎとったばかりの野菜を、朝の食卓には上等なオリーブ油であえてサラダで、昼にはパスタソースに、夕食にはサッと煮てスープ。

とりたてで、新鮮この上ないのですから、それは、もう、とてもうまいです。野菜の本来の味、香りとはこういうものか、こんなに豊穣なものかと瞠目《どうもく》させられます。都会をちょっと離れると、こんなにも贅沢な生活があります。

使用する野菜は、なす、ズッキーニ、ピーマン、きのこ、玉ねぎ、にんじん、セロリ。夏の名残と秋の入り口をごったに合わせた、一年中でいちばん味が濃い野菜の取り合わせです。作り方といい、味といい、僕の目にはいかにもイタリア的に映ります。

野菜はそれぞれ食べやすい大きさに切り分けておきます。かたいものは小さめに、柔らかなものは少々大きめでも。一緒に鍋に入れたときに、同じスピードで火が通ればいいのですから、ここのところは判断です。切った野菜とベーコンをオリーブ油で炒め、しんなりしてきたらトマト水煮を加えて30分から1時間くらい煮込みます。

煮込んでいると、野菜から出る香りが、最初はかたいような酸っぱいようなそんな感じなんですが、だんだんと柔らかく甘く変わってきます。もっとどんどん煮ます。パスタはどの太さでも結構です。

これは、トマトを抜いてもかまいません。ポイントはおいしい野菜を使うこと。この一点だけです。野菜のソースは秋版のほかにも、そら豆や菜の花を入れた春版もできます。

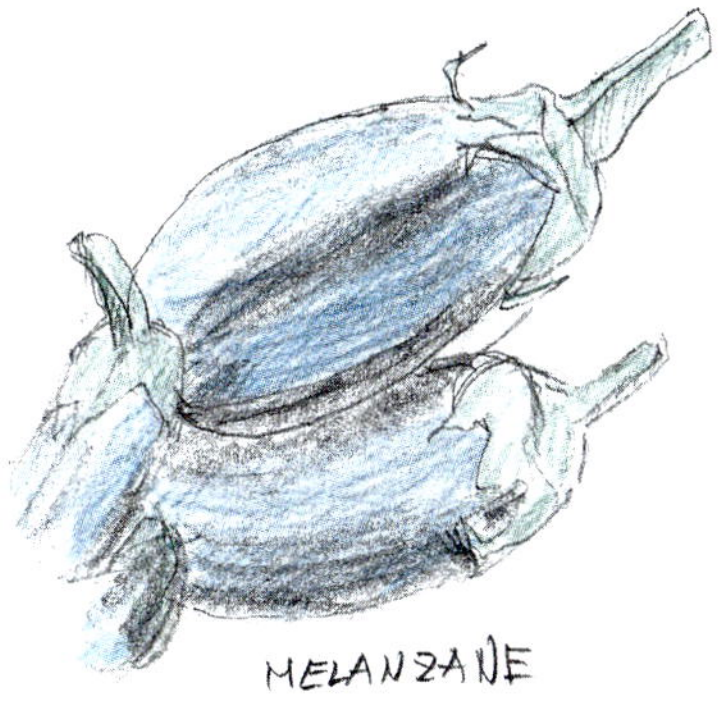

農園風スパゲッティ

材料（4人分）

スパゲッティ（直径1.6mm）……………………320g

A
- なす……………………2本
- ズッキーニ…………1本
- ピーマン……………2個
- きのこ（しめじ、まいたけ、エリンギなど）………………½パック
- 玉ねぎ………………½個
- にんじん……………3cm
- セロリ………………1本

にんにく（みじん切り）…………………大さじ1

赤唐辛子（種を除き粗く刻む）…………………………1本

オリーブ油…………大さじ8

ベーコン…………………100g

トマト水煮缶……2缶（800g）

オレガノ……………1つまみ

白ワイン……………大さじ1

塩、こしょう…………各適量

パセリ（みじん切り）……………………大さじ3

パルメザンチーズ…大さじ4

作り方

❶Aの野菜はすべて1cm角に切り、ベーコンは1cm角に切っておく。

❷にんにく、赤唐辛子、オリーブ油を鍋に入れて弱火にかけ、にんにくが色づくまで炒める。色づいたらベーコンを入れてサッと炒める。

❸ベーコンが色づいたら、①の野菜を加えて炒める。しんなりしてきたらトマト、オレガノ、白ワインを加えて30分〜1時間煮込み、塩、こしょうで味をととのえる。

❹スパゲッティを塩を加えた熱湯でゆで始める。

❺ゆでたてのスパゲッティを③のソース3カップ分であえる。器に盛り、塩、こしょうで味をととのえ、パルメザンチーズをふってパセリを散らす。

~ SPAGHETTI ALLA ORTOLANA ~
農園風 スパゲッティ
ズッキーニ
玉ねぎ
なす
ピーマン
にんにく
とうがらし
ベーコン
マッシュルーム
しいたけ
野菜を1cm角に切る
にんにくととうがらし
を加えオリーブ油とと
もにきつね色に
なるまでいためる
ベーコン角切りを加え
そして角切り
野菜を加えて
しんなりとするまで
いためる
弱火
ホール
トマト
3ℓの水に30g
の塩を加えて
アルデンテにゆで
あげる
皿に盛りつけ
上からソースを
かけて好みで
パルメザンチーズ
をふる

FUNGHI PORCINI

第4章

滋味あふれる季節のパスタ

きのこにツナをプラスするイタリアの定番メニュー

きこり風スパゲッティ

きのこにツナをプラスすると、ボスカイオーラという定番のパスタ料理になります。ボスカイオーラはイタリア語で「きこり」という意味です。ツナ缶を持って山に出かけたきこりさんが、そこらへんのきのこをちぎってソースを作ったということなんでしょう。よいしょ、よいしょと木を伐《き》って、仕事をしていたら昼時になって、パスタをゆでたんですかね。こういう想像はいくらでもできるものです。

　これ、とっても好きなので、うちの店のスペシャルソースとして作っています。僕の作り方は、昔、ローマのリストランテ「ロモロ」という店で食べて覚えたレシピをいただきました。当時、この店は下町にあって繁盛していました。ラファエロの絵『ラ・フォルナリーナ』のモデルになった女性が住んでいた家を改造して作った店なんだそうです。イタリアってすごいですよね、歴史が生きて動いている。

　さて、ポルチーニやしめじ、なんでも好きなきのこを用意します。きこりさんが仕事の合間に作るのですから、材料も作り方もシンプルです。

あめ色玉ねぎの甘みがうまい
ツナときのこのソース

作り方は次ページ

きこり風スパゲッティ

材料（４人分）
フェデリーニ（直径1.4㎜）
……………………………280ｇ
きのこ（ポルチーニ、しめじなど）………………… 1パック
にんにく（みじん切り）
……………………大さじ１
赤唐辛子（種を除き粗く刻む）
………………………… 1本
オリーブ油……大さじ６〜８
玉ねぎ（みじん切り）…… 1個
ツナ缶（油をきる）
……………大1缶（140ｇ）
赤ワイン …………カップ½
トマト水煮缶…½缶（200ｇ）
固形ブイヨン…………… 1個
塩、こしょう…………各適量
パセリ（みじん切り）
……………………大さじ２

作り方

❶きのこは細かい土を落として、石づきを取り、小房に分ける。

❷にんにく、赤唐辛子、オリーブ油を鍋に入れ、弱火にかけ、にんにくが色づくまで炒める。玉ねぎを入れ、弱火のままあめ色になるまで1時間ほどじっくり炒める。

❸②の鍋にきのこを加えてサッと炒め、油が全体に回ったらツナを加える。

❹③に赤ワインをふって、トマト、固形ブイヨン、塩、こしょうを加えて弱火で40分〜1時間煮込む。

❺フェデリーニを塩を加えた熱湯でゆで始める。

❻ゆでたてのフェデリーニを④のソース500㎖とよくからめる。塩、こしょうでもう一度調味をして、皿に盛ってパセリをふる。

〜SPAGHETTI ALLA BOSCAIOLA〜

きこり風スパゲッティ

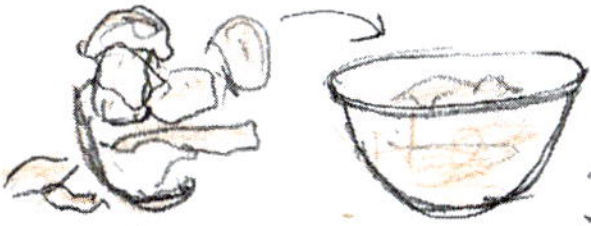

ポルチーニは
1時間ぐらい水に
つけてもどしてよく
土をそうじしてから
もどし汁とともに用いる

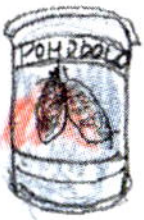

① にんにくと赤とうがらし
オリーブ油を加えて
きつね色になるまで
弱火でいためこの中に
玉ねぎみじん切りを加えて
ゆっくりと1時間ほどあめ
色になるまでいためる

② 水でもどしたポルチーニ
ツナ缶を加えしめじ
を加え赤ワインで
香りづけしてから
ホールトマトを加えて
塩コショウをして
コトコトと煮込む

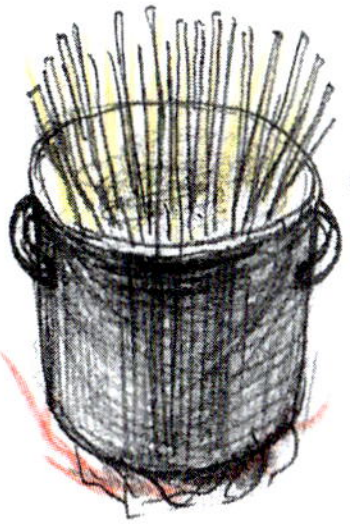

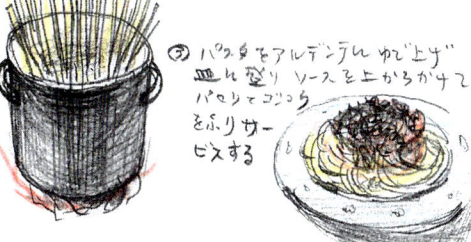

③ パスタをアルデンテにゆで上げ
皿に盛りソースを上からかけて
パセリとコショウ
をふりサー
ビスする

キャビアの冷製オードブルパスタ

材料（2人分）
カッペリーニ（直径0.9㎜）……60g
オリーブ油……大さじ2
塩、こしょう……各適量
レモン汁……少々
あさつき（小口切り）……大さじ1
エシャロット（みじん切り）……小さじ1
キャビア……大さじ2

作り方

❶カッペリーニは塩を加えた熱湯で2分ゆで、氷水にとってよく冷やし、水けをきる。

❷①をボウルに入れ、オリーブ油、塩とこしょう各少々、レモン汁、あさつきの½量、エシャロットを加えてからめる。

❸器に盛ってキャビアをのせ、残りのあさつきをふる。

日本そばを手本にして生まれた
イタリア初の冷製パスタ

タルトゥーフィときのこのスパゲッティ

材料（4人分）

スパゲッティ（直径1.6mm）……320g

ブラウンマッシュルーム……20個

にんにく（みじん切り）……2½かけ

赤唐辛子（種を除き粗く刻む）……2本

オリーブ油……大さじ5

A
- マッシュルーム……4個
- 生しいたけ……4個
- エリンギ……1本
- しめじ……½パック

塩、こしょう……各適量

白ワイン……80mℓ

パセリ（みじん切り）……大さじ3

白トリュフまたは黒トリュフ……各適量

作り方

❶ブラウンマッシュルーム、にんにく½かけ、赤唐辛子1本をフードプロセッサーにかけてミンチ状にする。Aは洗ってひと口大に切っておく。

❷にんにく1かけ、赤唐辛子½本、オリーブ油大さじ3をフライパンに入れ、弱火でにんにくが色づいたら、①を加えて炒め、塩、こしょう各少々、白ワイン40mℓ、パセリ大さじ1を加えてサッと煮る。

❸別のフライパンににんにく1かけ、赤唐辛子½本、オリーブ油大さじ2を入れ、にんにくが色づくまで炒め、Aを入れ、塩、こしょう各少々を加えてよく炒める。

❹③に白ワイン40mℓとパセリ大さじ1を加えて煮る。

❺塩を入れた湯でスパゲッティをアルデンテにゆでる。

❻④に②のソース大さじ8を加え、スパゲッティのゆで汁200mℓを加えて軽く煮る。ゆで上がったパスタを加えて混ぜ合わせて皿に盛る。

❼トリュフをスライスしてかけ、残りのパセリをふる。

トリュフの香り高い
贅沢絶品パスタ

いいだことセロリの相性が抜群

いいだこのスパゲッティ

ただ炒めただけでもおいしいいいだこを、セロリの香りに包んで煮込みます。フンワリとこってり、「これぞ、イタリアのソース！」と大声でふれ歩きたいくらいのデリケートな風合いにあふれています。

いいだことセロリは相性がいいんです。想像してみてください。歯応えがやさしくて、こってりと味の濃いいいだこ。シャキッと爽快なジュースをほとばしらせるセロリ。この2つを組み合わせるのですから、おいしくないわけがないのです。

いいだこの旬は冬から春にかけて。ギッシリとご飯粒のような卵が入っているのが魅力です。なんでもそうですが、自然の作る野菜や魚が、全国におしなべてあることなどないのです。イタリアで学んだことはたくさんありますが、そのひとつは、郷土料理の奥の深さでした。ミラノにないものがナポリにはあって、そんなことはみんな当たり前として認識している。

日本の平均志向をよしとしていると、そういうことに驚かされたりするんです。

内陸、島、山岳地帯、海辺。それぞれにおいしいものがありました。だから僕は、どこにでも、それなりのおいしいものがあるのだから、そのおいしさを大切にしてほしいと思います。

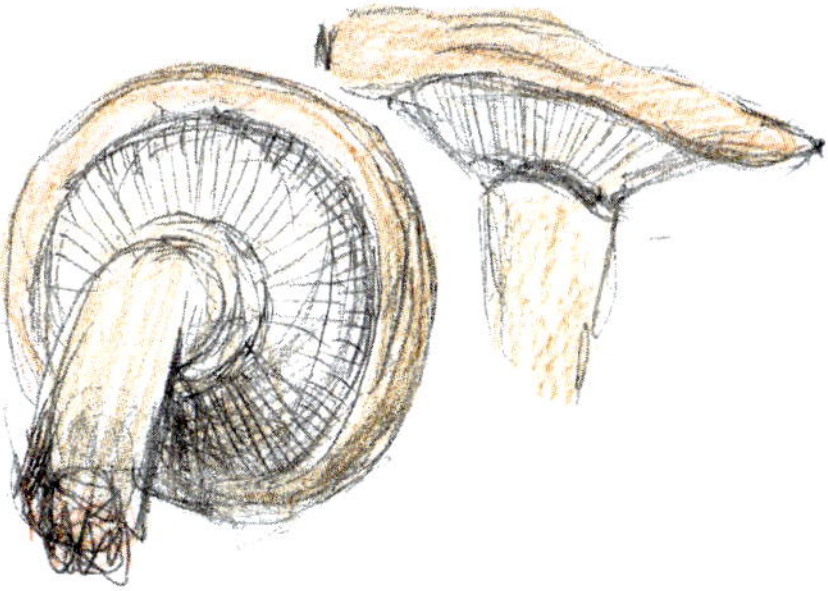

両方とも煮込みでいきますが、いいだこをミンチにしてミートソースにするタイプと、ぶつ切りにしてコトコト煮るタイプがあります。ここでは後者を作ってみることにしましょう。

実はこのパスタ、仕上げにイタリアの一味唐辛子をかけるとおいしいんです。作る前から仕上げの話は気が早いんですが、一味を用意しておいてください。イタリアのものは、日本の一味よりちょっと粗い感じですが、なに、たいした違いはありません。

パスタは、フェデリーニをおすすめします。

いいだこのスパゲッティ

材料（４人分）
フェデリーニ…………280ｇ
いいだこ………………800ｇ
セロリ……………………２本
玉ねぎ……………………１個
にんじん…………………３㎝
にんにく（みじん切り）
…………………大さじ１
赤唐辛子（種を除きみじん切り）……………………１本
オリーブ油…………大さじ５
白ワイン……………カップ１
トマト水煮缶……２缶（800ｇ）
塩、こしょう…………各適量
パセリ（みじん切り）大さじ２

作り方

❶セロリは３～４㎝長さの棒状に切っておく。玉ねぎ、にんじんはみじん切りにしておく。

❷にんにく、赤唐辛子、オリーブ油を鍋に入れ、弱火にかけ、にんにくが色づくまで炒める。色づいたら玉ねぎ、にんじんを入れて40～50分弱火で炒めてあめ色にする。

❸②によく洗ったいいだことセロリ、パセリ大さじ１を加えて炒め合わせ、火が通ったら、白ワインを加えてふたをして蒸し煮にする。煮立ったら、トマト、塩とこしょう各少々を加えて30分ほど煮込む。

❹フェデリーニを塩を加えた熱湯でゆで始める。

❺ゆでたてのフェデリーニを③のソース３カップ分とよくからめ、塩、こしょうで味をととのえる。皿に盛って残りのパセリを散らす。

Spaghetti con moscardini

いいだこのスパゲッティ

にんにくと赤唐辛子を加えオリーブ油できつね色にいためこの中に野菜のみじん切りを加えさらに色づけない様にゆっくりと40〜50分いためる

いいだこを加えてさっとソテーし白ワイン ホールトマトを加えてパセリを加えやわらかくなるまで煮込む、煮上る40分前にセロリを加えいっしょに煮上げる

セロリは棒状に切る。

パスタをアルデンテにゆで上げる

パスタを皿に盛りつけてこの上から仕上ったソースをかけパセリとコショウをかけサービスする

臓物の独特の香り。好きな人にはたまらない

トリッパのスパゲッティ

みなさんは、臓物と聞くといかがですか？　眉をしかめますか？　よだれが出ますか？　苦手とおっしゃる方には残念でならない。このとびきりの食卓の幸せを享受できないなんて。お好きな方は幸せ者ですよ。ことに日本では、とても安い値段でこの幸福を買うことができます。

ここで作ろうとしているトリッパは、牛の胃袋のいわゆる蜂の巣というところです。胃袋の壁が蜂の巣のような六角形の集合で構成されています。これをうまく下処理すると、とろっと、独特の香りがして、なんとも言えないうまさになるのです。

イタリアにはペンネとあえる伝統的な料理があります。獲った動物は、皮も臓物も血も残さず食べてしまう。これが、狩猟民族の流儀です。当然といえば当然でしょう。魚を食べる日本人が、頭も皮も骨も食べてしまうのと同じことです。

僕はトリッパが好きです。下処理の段階で、ドロンとしていたただの臓物が、どんどんおいしい芳香に変わってくるのが面白いんです。すごいなあと思います。

日本料理でいえば、いわしがこんなにおいしくなるのだろうかという驚きに似ています。調理の醍醐《だいご》味《み》を味わわせてくれる、とでもいうんだろうか。それに、臓物は脂肪が少なく、鉄分が多いので、とても健康的な食材なんです。日本では、まだ、下《げ》賤《せん》な食べ物のように思われていますが、とんでもない、栄養の宝庫だということを忘れないでいただきたい。

下処理が大変です。この頃は、トリッパはゆでて下処理されて売られていますが、家に持ち帰ったら、もう一度、にんじん、玉ねぎ、セロリ、こしょう、ベイリーフ、にんにくをちょっと入れてもいい、こういう香味野菜を加えた湯で3～4時間。柔らかくなるまでゆでてください。すると、串がすっと通るようになります。トリッパが嫌いならしょうがないけれど、好きな人にはたまらなくおいしいものです。

スーパーで売っているイタリアのお米
（1kg入りで）

トリッパのスパゲッティ

材料（8人分）

スパゲッティ…………720g
トリッパ…………………1kg
香味野菜
A
- にんじん……………3cm
- 玉ねぎ………………½個
- セロリ………………½本
- 黒粒こしょう…小さじ1
- ベイリーフ…………1枚
- にんにく（みじん切り）…………………1かけ

にんじん…………………½本
玉ねぎ……………………1個
セロリ……………………1本
にんにく（みじん切り）……………………大さじ1
赤唐辛子（種を除き粗く刻む）……………………2本
オリーブ油…………大さじ6
白ワイン……………カップ1
トマト水煮缶…2½缶（1kg）
固形ブイヨン……………2個
ベイリーフ………………1枚
ミント……………………10枚
塩、こしょう…………各適量

作り方

❶トリッパは水でよく洗う。香味野菜とともにトリッパを大きめの鍋に入れて3時間ほどゆで、短冊に切る。
❷材料のにんじん、玉ねぎ、⅔量のセロリをみじん切りにする。にんにく、赤唐辛子、オリーブ油を鍋に入れ、弱火で炒め、色づいたらにんじん、玉ねぎ、セロリを加えて1時間ほど、あめ色になるまで炒める。
❸②に①のトリッパを加え、火が通ったら、白ワインを加えてふたをして蒸し煮にする。煮立ったら、トマト、固形ブイヨン、ベイリーフ、ミント、塩、こしょうを加えて3時間ほど煮込む。
❹仕上がる1時間前に残りのセロリを加える。
❺スパゲッティをゆで、ソースにからめて器に盛る。

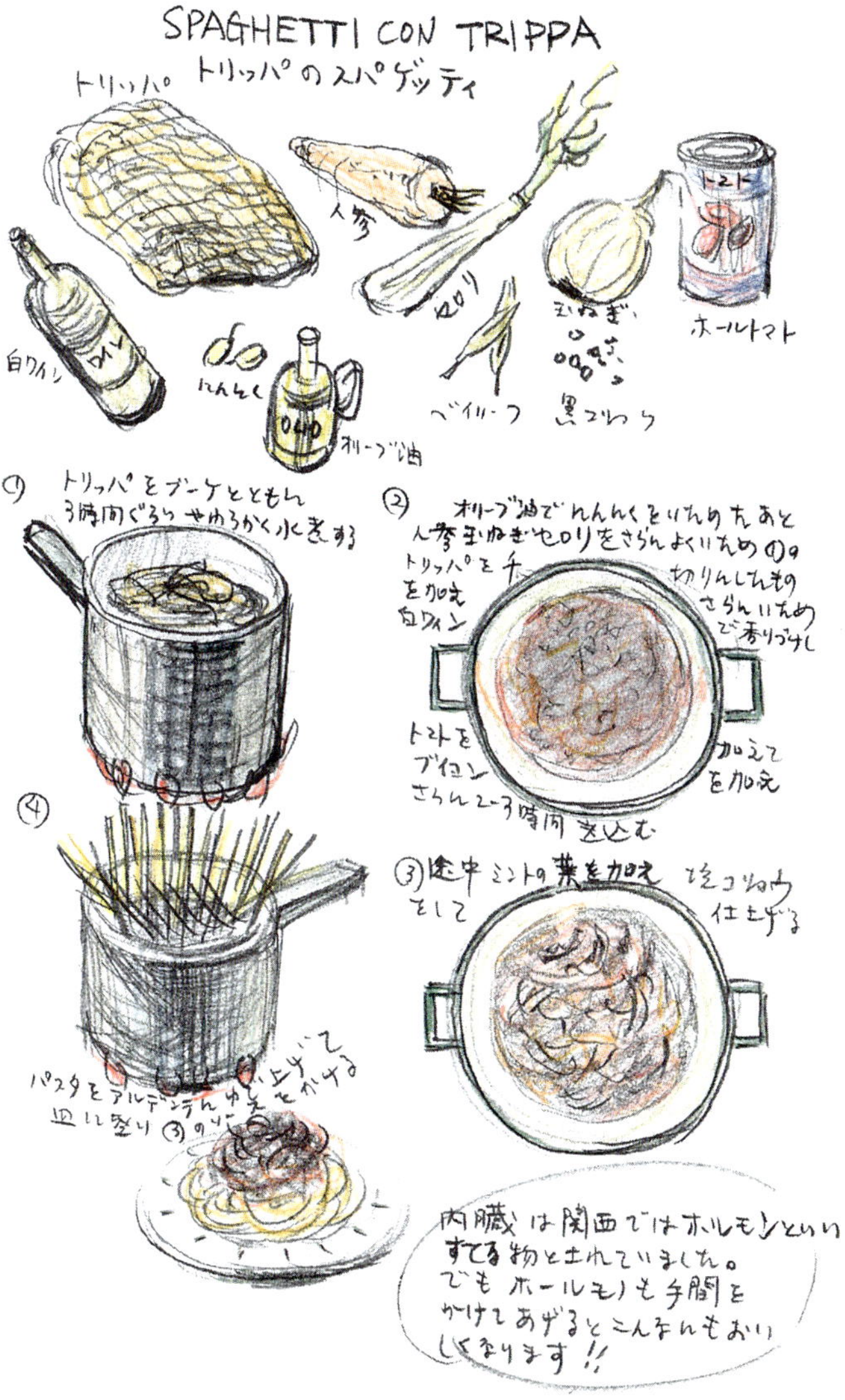

SPAGHETTI CON TRIPPA
トリッパのスパゲッティ
トリッパ
人参
セロリ
トマト
ホールトマト
白ワイン
にんにく
OLIO
オリーブ油
ベイリーフ
玉ねぎ
黒こしょう
① トリッパをブーケとともに 3時間ぐらいやわらかく水煮する
② オリーブ油でにんにくをいためたあと 人参玉ねぎセロリをさらによくいため ①の
トリッパを手
切りにしたもの
を加え
さらにいため
白ワイン
で香りづけし
トマトを
加えて
ブイヨン
を加え
さらに2〜3時間煮込む
③ 途中ミントの葉を加え
塩コショウ
をして
仕上げる
④ パスタをアルデンテにゆで上げて 皿に盛り ③のソースをかける
内臓は関西ではホルモンといい すてる物とされていました。 でも ホールモノも手間を かけてあげるとこんなにもおいしくなります!!

冬が近づくと食べたくなる、クリーミーで濃厚な味

スパゲッティ・ゴルゴンゾーラチーズ風味

いつの頃からか、このゴルゴンゾーラは日本のイタリア料理好きにゆきわたって、今では、市民権を得たようですね。お好きな方は、想像しただけで胸ときめくでしょう。ゴルゴンゾーラチーズはイタリアのブルーチーズの代表です。

世界に三大ブルーチーズありと言われるのは、イタリアのゴルゴンゾーラ、フランスのロックフォール、イギリスのスティルトン。この３つの中では、いちばん穏やかでやさしい味がしますね。

生クリームで溶かすので、濃厚な香りと舌ざわりになります。味わいもチーズだからこその重量感があります。こういうソースを欲しくなると、そろそろ冬将軍の足音が遠くから聞こえてくるんです。空がグレイになって雲がたれこめてきます。

ゴルゴンゾーラには、ピカンテとドルチェがあります。ピカンテはハードタイプで塩辛い。くせも強い。ドルチェはソフトで穏やか。僕はドルチェが好みです。ピカンテで作るなら、パスタの塩加減を少なめにして、調節をしてください。

初めて作る方は量を少なめにを心がけてください。多すぎると、しつこくなって鼻につきます。濃い味だから少しだけ。よく作るんです、とおっしゃる方は、ゆでたほうれんそうを入れてみてください。もちろん味は保証します。

同じ作り方をしても、ロックフォールでは塩辛い。ゴルゴンゾーラは、やっぱりパスタの国のチーズだから、うまい具合にフィットするんでしょうか。

パスタは太めのものかペンネで。チーズをよくからめて、しこしこ噛《か》むおいしさが、このソースの真骨頂です。

ついでですが、ドルチェに蜂蜜をかけると、とてもおいしいデザートになります。青かびの香りと、塩分と、蜂蜜の濃い甘みのバランスが素晴らしい。こういうのを天の配剤とでもいうんでしょうか。とびきりおいしい食材の組み合わせをいくつか挙げろと言われたら、そのうちのひとつに挙げられると思います。

スパゲッティ・ゴルゴンゾーラチーズ風味

材料（４人分）
スパゲッティまたはペンネ
……………………240ｇ
ゴルゴンゾーラチーズ…60ｇ
生クリーム……………300mℓ
バター…………………20ｇ
パルメザンチーズ（すりおろす）…………………40ｇ
塩、こしょう、黒粒こしょう
……………………各適量

作り方

❶フライパンにゴルゴンゾーラチーズ、生クリーム、バターを入れて弱火にかけ、ゆっくり溶かす。

❷スパゲッティを塩を加えた熱湯でゆで始める。

❸ゆでたてのスパゲッティを①の鍋に入れ、パルメザンチーズ、塩、こしょうを加えてよくまぜる。

❹器に盛り、黒粒こしょうを砕いて散らす。

〜SPAGHETTI AL GORGONZOLA〜

スパゲッティ ゴルゴンゾーラチーズ風味

① ゴルゴンゾーラチーズを生クリームといっしょにバターを加えてフライパンでとかしておく

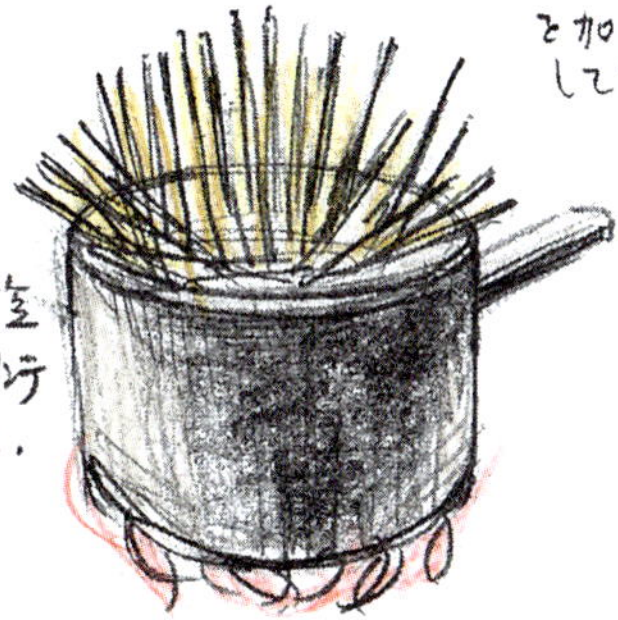

② スパゲッティを2ℓに30gの塩加減でアルデンテにゆで上げる。

③ ゆで上げたスパゲッティを①のソースの中に入れて黒コショウとパルメザンチーズで仕上げ皿に盛りつける。

黒コショウの荒挽きをパラパラとかけるとおいしい!!

仔牛のすね肉の濃厚な味わいがパスタに合う

スパゲッティ・オッソ・ブーコソースあえ

冬っていうのは家にひきこもることが多いので、家庭の風合いの料理が代表としていくつも顔を見せます。冬の家庭料理は、イタリア料理の宝庫です。

ヨーロッパはなんといっても肉をよく食べますから、冬には肉の煮込みが食卓の常連です。ビーフシチューもそうですが、仔牛のすね肉を煮込むと有名なオッソ・ブーコになります。こういうどっしりとした煮込みのあとには、ペンネ、スパゲッティ、スパゲッティーニといったパスタをソースにからめて食べたくなります。

ここでご紹介するパスタは、まさに仔牛のすね肉の煮込みです。イタリア伝統料理の誉れ高い、質の高い煮込みです。しかし、残念なことに日本の仔牛ではいい味が出ません。ていねいに煮込んでも、イタリアのレベルにいかないのが残念至極です。

使うなら、アメリカ産の肉をおすすめします。イタリアの仔牛は肉質がしっとりとして味があり、それでいて脂肪が少なく柔らかくて、日本のそれとは格段の差が

ヴェニス　エクセシオールホテル

あります。

オッソ・ブーコを煮込んだソースでペンネをあえると、これはもう、忘れがたい味になります。また、リゾットミラネーゼにこのソースをかけると、ぶっかけごはんのようで、とってもおいしいイタリア丼になります。

もしも、みなさんがイタリアにいらっしゃることがあれば、コートレットミラネーズ、オッソ・ブーコなどの仔牛料理は忘れずに召し上がってください。そうすれば、目から鱗で、イタリア料理になぜ仔牛料理が多いのかが無理なく納得できると思います。

スパゲッティ・オッソ・ブーコソースあえ

材料（４人分）
スパゲッティ…………320ｇ
仔牛のすね肉…………４切れ
小麦粉……………………適量
にんじん…………………５cm
玉ねぎ……………………１個
セロリ……………………１本
にんにく（みじん切り）
……………………大さじ１
赤ワイン……………カップ½
トマト水煮缶……２缶（800ｇ）
固形ブイヨン……………２個
水…………………カップ３
パルメザンチーズ（すりおろす）……………………40ｇ
塩、こしょう、オリーブ油
……………………各適量

作り方

❶にんじん、玉ねぎ、⅔量のセロリはみじん切りにする。残りのセロリは５cmの棒状に切る。

❷にんにく、オリーブ油大さじ３を鍋に入れて弱火にかけ、色づくまで炒め、にんじん、玉ねぎ、みじん切りのセロリを加え、50〜60分弱火で炒める。

❸仔牛のすね肉に塩、こしょうをして、小麦粉を薄くまぶす。フライパンにオリーブ油大さじ３を入れて強火にし、すね肉がきつね色になるまでソテーする。

❹②に③を加え、赤ワインを加えてひと煮立ちさせる。トマト、固形ブイヨン、水を加えて３時間ほど煮込む。

❺仕上がる30分ほど前に残りのセロリを加えて煮込む。骨から身をはずし、骨髄をとり出してソースに混ぜ、パルメザンチーズを入れて、塩、こしょうで味をととのえる。スパゲッティをゆで、ソース600ｇをからめて皿に盛る。

〜 Spaghetti con salsa di osso buco 〜

スパゲッティ オッソブーコソースあえ

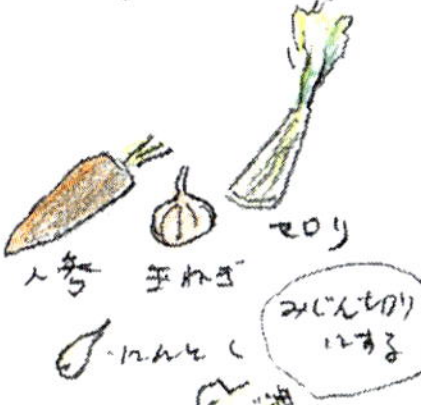

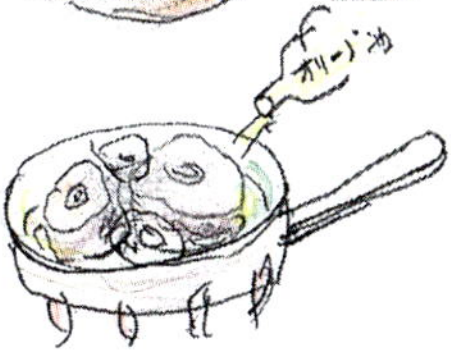

塩コショウ 小麦粉をした オッソブーコをオリーブ油できつね色にソテーする

にんにくみじん切りとオリーブ油をきつね色にソテーしてから 野菜のみじん切りを加えてさらに 50〜60分弱火でいためる

いためた野菜の中にソテーした オッソブーコを加え ワインで香りづけしてからホールトマト ブイヨンを加え煮込む

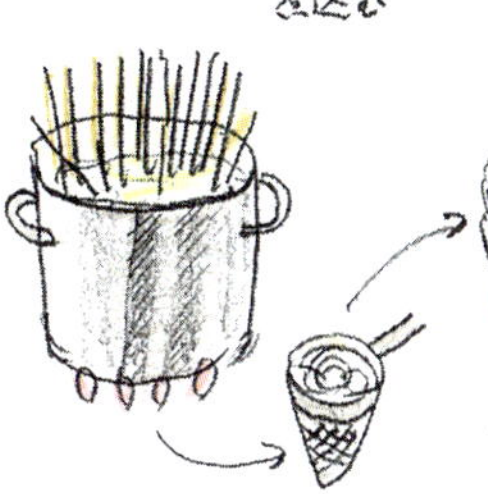

煮込んだソースとゆで上げたパスタをよくまぜ合せて パルメザンチーズと塩コショウで味をととのえる。皿に盛る。

秋の森の果物
クランベリー

第5章

和の素材でパスタ

和の食材の美味を味わう

僕の店では、野菜は種類ごとに京都や静岡、栃木などの農家から直接送ってもらっています。季節によっては農家の人に「今は売る物がなんにもなくて」と言われることがありますが、そんなときは「じゃあ、お宅では何を食べてるの？」と聞くんです。すると、キズがついたり、色や形が悪くて売り物にならない野菜だと言うから、「それ、送って」と頼みます。

届いた野菜は、確かに見かけは悪いけど、こういうのがうまい。最近の野菜が昔より味や香りが薄くなったのは、熟しきらないうちに収穫してしまうのも原因なんです。完熟したものは、店頭に並ぶ前に傷んでしまうから。でも、畑で自然に熟したものは、たとえ皮がヒビ割れていようが、ちゃんと野菜の味と香りがします。

ごぼうやれんこんのコリッとした歯ざわり、里芋や京芋のねちっとした食感、せりや春菊、ふきのとうのほろ苦さ。ほんの少量でも、あるとないとでは大違いの、ゆずや三つ葉、青じそのすがすがしい香り。日本人の野菜に対する味覚は、とても繊細です。

ここは日本なんだ、日本の素材を使ったイタリア料理があってもいい。そう思い始めたのは、イタリアから帰ってきて10年くらいたった頃です。わざわざイタリアから高いお金をかけて輸入する食材は、イタリアの風を運んできてくれるけれど、僕は日本人が食べて「これ、おいしいね」という料理を作りたい。以来、僕は和の野菜の魅力にどんどん惹かれていきました。

下仁田ねぎの煮込みパスタ

白菜の葉とかぶ、生唐辛子のパスタ

作り方は次ページ

下《しも》仁《に》田《た》ねぎの煮込みパスタ

材料（2人分）

スパゲッティ（直径1.6㎜）……160g

下仁田ねぎ……1本

白菜……1枚

オリーブ油……大さじ2

にんにく（みじん切り）……大さじ½

赤唐辛子（種を除き粗く刻む）……1本

生ハム……2枚

A
- 固形ブイヨン……½個
- 水……160mℓ
- 塩、こしょう……各少々
- パセリ（みじん切り）少々

パルメザンチーズ（すりおろす）……適量

温泉卵……2個

あさつき（小口切り）……少々

粗びき黒こしょう……少々

塩……適量

作り方

❶下仁田ねぎは1㎝幅の斜め切りにし、白菜はざく切りにする。

❷フライパンにオリーブ油、にんにく、赤唐辛子を入れて炒め、生ハムをちぎって加える。

❸②に①を加えて炒め、Aを入れて野菜がしんなりするまで煮る。

❹スパゲッティは塩を加えたたっぷりの熱湯でアルデンテにゆで上げる。

❺③のソースの煮つまり具合をみて、パスタのゆで汁を適量加え、ゆで上がったスパゲッティを入れてからめ、パルメザンチーズ大さじ4を混ぜる。

❻器に盛って温泉卵をのせ、あさつき、パルメザンチーズ少々、粗びき黒こしょうをふる。

白菜の葉とかぶ、生唐辛子のパスタ

材料（2人分）
フェデリーニ（直径1.4㎜）……160g
白菜の葉……2枚分
かぶ……2個
あさり（砂抜きしたもの）16個
水……200㎖
白ワイン……大さじ3
生赤唐辛子、生青唐辛子……各2本
いりぎんなん（粗く刻む）……4粒
オリーブ油……大さじ3
にんにく（みじん切り）……大さじ½
赤唐辛子（種を除き粗く刻む）……1本
ゆずこしょう、パセリ（みじん切り）……各少々
塩、こしょう……各適量

作り方

❶白菜の葉は芯を除き、2〜3㎝幅に切って、サッとゆでる。かぶは皮をむいて縦半分に切ってから5㎜幅に切り、サッとゆでる。
❷あさりは小鍋に入れて分量の水と白ワインを加え、ふたをして火にかけ、貝の口が開いたら火を止めてそのままさまし、殻から身を出す。
❸生唐辛子はへたを除き、縦半分に切って種を除く。
❹フライパンにオリーブ油、にんにく、赤唐辛子を入れて弱火で炒める。にんにくがきつね色になったら、生唐辛子、ぎんなんを炒める。
❺④に白菜の葉とかぶを入れ、あさりの身とあさりのゆで汁を加えて、ゆずこしょう、塩、こしょうで味をととのえる。
❻塩を加えた熱湯でフェデリーニをアルデンテにゆで、⑤に加えてあえ、器に盛ってパセリをふる。

キャビアととんぶりの熱々クリームパスタ

豆乳とゆばのタリオリーニ

作り方は次ページ

キャビアととんぶりの熱々クリームパスタ

材料(2人分)
フェデリーニ…………100g
生クリーム……………200mℓ
バター……………大さじ2
とんぶり…………大さじ2
パルメザンチーズ(すりおろす)……………大さじ2
バジリコ(せん切り)……6枚
キャビア…………大さじ2½
塩、こしょう…………各適量
あさつきの小口切り……適量

作り方

❶フライパンに生クリームとバターを入れて火にかけ、溶かしながら少しとろみがつくまで煮つめる。
❷①にとんぶり、パルメザンチーズ、バジリコを入れて混ぜ、最後にキャビア大さじ2を加えて火を止める。
❸塩を加えたたっぷりの熱湯でアルデンテにゆでたフェデリーニを②に加えてからめ、味をみて塩、こしょうを加える。
❹器に盛って残りのキャビアをのせ、あさつきをふる。

豆乳とゆばのタリオリーニ

材料（2人分）

タリオリーニ……………160g
ほうれんそう……………1/3わ
バター……………………20g
A ┌白ワイン………大さじ2
　└水……………………30mℓ
豆乳……………………180mℓ
くみ上げゆば……………60g
B ┌あさつきの小口切り
　│　………………大さじ2
　│生クリーム………40mℓ
　└塩、こしょう……各少々
パルメザンチーズ（すりおろす）………………………50g
塩…………………………適量
あさつきの小口切り……適量

作り方

❶ほうれんそうは塩ゆでし、水にとってから水けをよく絞り、4cm長さに切る。

❷フライパンにバターを溶かし、①のほうれんそうを炒め、Aを入れて煮立て、豆乳とゆばを加えて混ぜる。

❸②にBの材料を加えて、混ぜながら火を通す。

❹タリオリーニは塩を加えたたっぷりの湯でアルデンテにゆで上げ、③のソースと2/3量のパルメザンチーズをからめる。ソースの濃度が濃いようなら、パスタのゆで汁を適量加えてのばす。

❺皿に盛って、残りのパルメザンチーズとあさつきをふる。

スモークあじのパスタ

いかげそミンチのパスタ

作り方は次ページ

スモークあじのパスタ

材料（4人分）

フェデリーニ…………320g
あじ………………………2尾
スモークチップ（桜）1つかみ
オリーブ油…………大さじ2
にんにく（みじん切り）
……………………小さじ1
赤唐辛子（種を除き粗く刻む）
…………………………1本
にんじん（細切り）………少々
カラーピーマン（細切り）少々
玉ねぎ（薄切り）…………¼個
A ┌白ワイン………大さじ2
　 └パスタのゆで汁……70mℓ
オリーブ油…………大さじ½
塩、こしょう…………各適量
パセリ（みじん切り）……適量

作り方

❶あじは三枚におろして塩をふり、30分ほどおく。

❷燻製《くんせい》器、またはフライパンにアルミ箔を敷き、中央にスモークチップを置く。チップにつかないように網をのせてふたをし、火にかける。

❸煙が出てきたら網に①のあじの皮目を下にしてのせ、再びふたをし、弱火で3分蒸し焼きにする。火を止めてあじを裏返し、さらにふたをしてそのまま3分おく。取り出して1cm幅に切る。

❹フライパンに大さじ2のオリーブ油、にんにく、赤唐辛子を入れて炒め、にんにくがきつね色になったらにんじん、カラーピーマン、玉ねぎを加え、塩、こしょうをふってしんなりするまで炒め、③のあじを加える。

❺フェデリーニは塩を加えたたっぷりの熱湯でアルデンテにゆでる。

❻④にAを加えて煮立て、ゆでたてのフェデリーニを加えてからめ、オリーブ油とパセリをふる。

いかげそミンチのパスタ

材料（２人分）
フェデリーニ…………120ｇ
やりいか（げそとえんぺら）…………３杯分
オリーブ油…………大さじ２
にんにく（みじん切り）…………小さじ½
赤唐辛子（種を除き粗く刻む）…………½本
白ワイン…………大さじ３
トマトソース（作り方は128ページ参照）……カップ½強
ルッコラ…………12〜14枚
塩、こしょう…………各適量

作り方

❶いかのげそと皮をむいたえんぺらは細かく刻んでから包丁でたたく。

❷フライパンにオリーブ油とにんにく、赤唐辛子を入れて弱火で炒める。にんにくが色づいたら①を加えて炒め、塩、こしょうし、白ワインを加えて強火でアルコール分をとばす。

❸トマトソースを加え、煮立ったら弱火で20〜30分煮る。途中で水分が少なくなったら、水を足しながら煮る。

❹ルッコラを２〜３㎝幅に刻み、½量を③に混ぜる。

❺塩を加えたたっぷりの湯でフェデリーニをアルデンテにゆで、④に加えてからめる。

❻器に盛り、残りのルッコラをのせる。

●やりいかは煮込むとデリケートな甘みが出てきます。胴でも足でもいかのうまみは一緒だから、値段の安いげそやえんぺらだけでできちゃうこのパスタはとってもお得なレシピです。

基本のトマトソース

玉ねぎの甘みを加えた
パスタに欠かせないソース

材料（750mℓ分）
トマト水煮缶…2½缶（1kg）
オリーブ油………………75mℓ
にんにく（たたきつぶす）
……………………1かけ
玉ねぎ…………………900g
バジリコ………………5枚
塩、こしょう…………各適量

作り方

❶鍋にオリーブ油とにんにくを入れて炒め、香りが立ってきたら、くし形に切った玉ねぎを加えて塩、こしょうし、弱火で1時間ほど玉ねぎがあめ色になるまで炒める。

❷トマトをつかみくずしながら缶汁ごと入れ、バジリコをちぎって加えて強火にかける。

❸煮立ったら弱火にし、40分ほど煮て塩、こしょうで味をととのえる。

❹1mm目のこし器でこす。

第6章

春夏秋冬パスタの魅力

春夏秋冬、片岡護が考えるパスタの魅力

世界中においしいものはたくさんありますが、イタリアにはパスタがあります。これこそが、僕がイタリア料理に携わるうえでの太い柱です。粉を練って細くしたものは、中国にも日本にも、また、ヨーロッパ諸国にも、もろもろの形でありますす。が、イタリアのパスタほど、多彩に形状を変え、さまざまなソースとからみあい、大きな世界を作りあげている例があるでしょうか。僕はこのパスタに魅せられてイタリア料理の世界に踏み込みました。だから、こうして季節を追ってパスタを語ることは、とりもなおさず僕の日々の台所を公開するようなもので、緊張とともに嬉しさもひとしおです。

春はキャベツと白魚の季節です

春は新キャベツが出始める頃です。キャベツは台所の友。芯だけ残った日には焼きそば感覚でパスタに使っては？　簡単ですから、どなたにでも作れます。いかも安く手に入るでしょうから、すぐにでも試してみてください。

キャベツはフワフワの新キャベツを使ってください。いかは、やりいか、墨いかを。

野菜は生よりも火を入れたほうが量が多くとれます。火を入れて野菜をたくさん食べるのは、イタリア人の十八番です。僕もこれを見習って、キャベツをたくさん使いました。

日本ではこのように、フワフワの新キャベツを……、なんて言えますが、イタリアのキャベツは、新も旧もなく、かたいんです。バリバリしています。公邸の食事のとんカツのつけ合わせや、コールスローにするやわらかなキャベツを探すのはひと苦労でした、というくらい、かたい。

多分基本的に、煮込みにするのが目的なんでしょうね。時間がたって、いろいろなことを知ってくると、あちらには、豚の足やきのこやベーコンをキャベツと一緒に煮込む伝統的な料理があることも知って、日本のキャベツのイメージと同一視してはいけないんだと気がつきました。

で、何年か経つうちに、「あ、キャベツはかたくなくちゃ味が出ないんだな」なんて、だんだんと、イタリアの食習慣が身についていったんです。

でも、正直に言えば、やっぱり日本のやさしいキャベツが好きです。

まだまだ風が冷たい3月に、春らしさを運んでくれるのが白魚です。なんだか、名前からしてフンワリとしていますが、見た目も口に入れた感じも、やはりフンワリです。

そんな白魚をアーリオオーリオのソースに入れてさっと火を通すと格別です。にんにくの香りも赤唐辛子もオリーブオイルも、みんな白魚のフンワリに吸い取られて、優雅になってしまいます。

真っ白に仕上がった上にパセリをふります。白魚は小さめのものを使います。大きいのはてんぷらかなんかにしたほうがおいしいです。

と、ここまではいいのですが、白魚はとれても、東京あたりには輸送されてきません。僕は、たまたま沼津に知り合いがいるので、とれたてを、即、冷凍したものを送ってもらって使います。

ですからこれは、白魚がとれる海辺のみなさんのための特別メニューです。僕はこのやり方をシチリア島に行ったときに覚えました。

白魚ではなくて、そこではしらすでした。なんておいしいんだろう。シチリアは歴史がある島なので、料理法も行き届いていていて、きちんとなんでもおいしい土地です。そのシチリアで食べたものの中でも群を抜いていたという、太鼓判つきです。忘れもしない、カターニャという土地で食べました。

シチリアではこれを注文すると、一味の唐辛子が出ます。ピリッとしまって、味わいがよりグレードアップします。

夏のパスタは季節に応じてきれい

イタリアの夏はどこを向いても色とりどりで、外出するのが楽しみでした。通りの家々の窓からは、赤、黄、淡いブルー、紫の花々が顔を見せていますし、野菜の市場をのぞくと、色の濃い原色の夏野菜で色の洪水のようです。なすの濃い紫、きゅうりやセロリ、バジリコなどの緑の濃淡、トマトはもちろん真っ赤で、三色のピーマンはぴかぴか光ってはちきれそうです。

魚の市場では、かじき、大きなすずき、小魚、貝類が押し合いへし合い。身を太らせて並んでいる光景を目にすると、「ああ、イタリア人が食いしん坊なのはしょうがない、こんなにみんなおいしそうなんだもの」と納得せざるをえませんでした。

ところが、肉にはあまりお呼びがかからない。僕の記憶では、夏の食卓には、豚肉、牛肉はほとんど顔を出さず、見るのは仔牛ばかりでした。

そんな中でも野菜は感動もので、簡単に炒めたり煮たりするだけで充分に食べ応えがあるので、「ああ、おいしい！　僕は天才じゃないか」と……。

そして、色の数だけ味が違うことの不思議。ひいては、こんなにも野菜にいろいろな味があること、歯応えの違い、香りの違いがあることを、今さらながらに感じたのも、イタリアで夏を迎えた頃からでした。

ですから、パスタも色とりどり。きれいで、可愛くて、おいしいですよ。余分なものは加えず、必要最小限で、きれいで、可愛くて、おいしい。これが、僕の理想なんです。

そういう意味では、何をどう食べてもおいしくて彩りが豊かな夏は、僕の大好きな季節なので、大好きなパスタもたくさんあります。

〝ペストジェノベーゼ〟。記憶力のいい方は、「おや、どこかで聞いた名前だぞ」とお思いでしょう。実は、これは春のパスタ、「ベッペ風」をご紹介したときに使った、バジリコペーストと同じものなんです。イタリア語の正式名称で言えば、ペストジェノベーゼとなります。

バジリコは夏の香り。馥郁《ふくいく》という言葉がこれほど似合う緑もありません。今では一年中ありますが、いくら上手に栽培しても、やはりこの季節にかなうものはない。季節の力です。

油絵の具を塗り重ねたようなイタリアの秋

夏から秋に変わる日は、突然やってきます。乾燥した空気が、スーッと頬に触れると、この日からもう秋です。

イタリアの秋の色は黄色です。街中の葉っぱが黄色く色づいて、まるで、黄色のフィルターが街全体にかかっているようです。空気が乾燥しているので、落ち葉はカサカサと舞って、映画の一シーンのようです。春の黄色は触れると溶けてしまいそうなやわらかさですが、秋の黄色は砕けてしまいそうなもろさがあります。

初めての秋を迎えたときに、日本の情緒とイタリアの情緒の違いを見たような気がしました。日本はさらっと描く水彩画に近い世界。あちらは塗り重ねる油絵の世界です。いろんな種類の濃淡の黄色を塗り重ねたように、街が色づいています。靴の下でカサッと音がして枯れ葉が砕けます。日本のように、長雨に濡れてビショビショ……といった情けない光景はありません。

こういう風景があるから、こういう季節の贈り物があるから、イタリアにはあんなにも多くの画家が生まれ、育ったのだなあと、納得できます。

あの素晴らしい絵は、頭の中で作りだしたものではない、実際にその街が、木が、風がそこにあるんです。そういう目で見ると、どこもかしこも、絵のモデルとなった場所じゃないだろうか、「ここは？　あそこは？」と興味深くて、退屈なんて、まったくしませんでした。

さて、お店にはいろんな旬のものが出てきて、あれも、これも、それも、食べたい……。きのこの専門の店も道端に出ます。

裏の山で実ったばかりのオリーブを、おばあちゃんが塩漬けにして道端で売る姿も、この季節独特のものです。「おばあちゃん、これちょうだい」と言って、塩水から出してもらうと、その瞬間にオリーブの色がパーッと変わる。最初はびっくりして目がまんまるになってしまいました。

　買い物に出かけると、どこからか物を燃やすにおいが漂ってくる。落ち葉を燃やすにおい、薪《たきぎ》を燃やすにおい。街角で栗を焼くにおいが流れ始める。煙のにおいが隅々に流れ始めると、時期を同じくして油の香りが流れ始めます。油は人に力をつける香り。油の香りが濃くなると、もう、冬がそこまで来ています。

　市場を見ていると季節の移ろいがよくわかります。夏の濃い色の野菜に変わって、きのこや栗のような木の実が運び込まれる。ジビエのトラックがほうぼうから集まって、鹿やきじ、鴨《かも》の色で塗られていく。市場はだんだんと茶色で占められてきます。

　日本に、ほうろく焼きという秋の恵みを素焼きの器に寄せて焼く料理があります。ふたをあけると、松たけあり、栗あり、ぎんなんあり、むかごありと、器の中いっぱいに秋という趣向です。

　イタリアの市場はちょうど、ほうろくのようで、ぎっしりと詰まった秋を点検するのが、実に、楽しい作業でした。

　また、秋の始まりは、バカンスが終わってみんなが街に帰ってくる合図です。さあ、しっかり働こうと、気が乗り始める季節でもあるので、街は活気に溢れています。

ああいう気の乗り方は気持ちがいいものです。さあ、働くぞ！　ばりばり働くぞ！　バカンスですっかり遊んじゃったから、働かなくっちゃね……。

そういう殊勝なことを考えて働き始めるのですが、食材において、特筆すべきはきのこの類で、はい、秋はきのこの出番です。

冬——空気がどんどん乾いてくると……

ミラノの冬についていちばんに思い出すのは、霧が多いことです。寒さが募るに従って霧も頻繁に街を覆って、ぼんやりと白い世界が展開します。そうなると、情緒とは裏腹に何をするにしてもネックになるのが霧で、高速道路も空港もよく泣かされていました。でも、僕はそういう光景は好きでした。街中は寒くて、温度計は零下7～8度を指しています。足もとからしーんと寒さがあがってくるような、そういった湿った寒さではありません。それに、暖房をしっかりときかせた石造りの家の中は暖かくて、ヨーロッパの本当の暮らしぶりは、こうした冬にこそ見られるのではないかと思いました。

こうして、冬の門をくぐると、食べ物がぐんとおいしくなってきます。ワインひとつとっても、香りも味わいも身体にしみわたるようです。部屋を暖かくして、日中コトコトと煮ておいた煮込みものやジビエの料理、なめらかなクリームやチーズの味を心底から楽しむこの時間は、やはり、ヨーロッパの冬の醍醐味なんじゃないかと思います。

野菜やソーセージをゆでてソースをつけて食べる「ボリートミスト」や、白いんげん豆やキャベツ、豚の耳、仔牛の頭を煮込んだ「カッスーラ」は、僕の好物で、冬にどこかのお宅にお招きをうけてうかがうと、こういう煮込みが湯気をあげてガス台にかかっていました。

ことにカッスーラはミラノの料理で、リゾットミラネーゼと一緒に食べるととてもおいしいんです。ジビエの野うさぎの赤ワイン煮込み、鹿の煮込みも出色です。鹿の血の入ったソースのどっしりとした味わいは、冬を越すための力をつけてくれます。これは、とうもろこしの粉を練り合わせたポレンタと一緒に食べるんです。夏にまるまると太ったとうもろこしを乾燥させて、冬になると粉砕します。この粉を湯でこねてこねて。力いっぱい辛抱強くこねると、なめらかな生地になります。

これで、鹿を食べる。気がつけば、季節の巡りがこのように皿に盛られているんです。

こういうことは、やはり、ワインをかたむけながら、長々と話をしているときに、ふっと気づかされる。子どもたちも、こうして教育されていく。冬の食卓は、ヨーロッパの暮らしの中では、とても大切な場です。そして、僕は、こういう煮込みのソースがパスタのソースに早変わりすることも、このときに知りました。

さて市場は、秋をひきずりながら、冬にかけてきのこもまだ旨いですし、トリュフは相変わらずいい香りをふりまいています。野菜類は、ほうれんそう、ブロッコリー、キャベツに移って、クリームやチーズと仲良しになってきます。本当に、うまい具合に季節と材料と調理法とが手に手をとって、生まれるべくして料理は生まれるのだと感心してしまいます。

日本にいると、春も夏も秋も冬も毎年同じ様子の繰り返しにしか見えないので、そういうことをよく観察する気持ちもおこりません。が、土地が変わると何もかもが珍しくて、こんな基本的なことに気がついたりもします。「場所を変えるということは日常を見直すという意味では大切なことだな。見逃していた大きな、大切なものを得ることができるのだな」と、思いました。

ものの考え方、感じ方がマンネリになっていることは、自分自身ではなかなか気づくことができません。なんということなくフィールドを変えたときに、はっと目覚めさせられることが多いようです。

フィールドは広く。しかし、考えを深く。

このことは料理にも言えることだと思います。日本にいて外国の料理をするうえでは、ことにこのことは大切なんじゃないか。日本人の好みにあったおいしいものを、さまざまな国の料理からチョイスして、独自のおいしい料理に仕立ててあげる。この融通を自然に行うためには、フィールドは広く、考えを深くが必要なんだと思うんです。僕は元来おっちょこちょいの気があるので、特に、このことを心に刻みたいと思います。

本作品は、小社より1995年11月に刊行された『パスタ歳時記』、2003年5月に刊行された『和の素材でイタリアン』から抜粋し、加筆・再編集したオリジナル版です。

片岡護―1948年、東京都に生まれる。リストランテ「アルポルト」オーナーシェフ。「つきぢ田村」で修業後、1968年にミラノへ。日本総領事館の公邸付きコックとして5年間勤務しながらイタリア人やイタリア料理を肌で知る。帰国後、東京・代官山「小川軒」、南麻布「マリーエ」のチーフシェフを務め、1983年に西麻布に「アルポルト」を開店。イタリア料理ブームの先駆けとなる。テレビ、雑誌でも活躍するほか、各地での料理教室や料理フェアなどでも講師を務め、レストランのプロデュースも手掛ける。
著書には、『イタリア料理の基本』(新星出版社)、『和の素材でイタリアン』『片岡護のお手軽極うまイタリア丼』(以上、講談社)などがある。

講談社+α文庫 片岡護《かたおかまもる》の絶品《ぜっぴん》パスタ

片岡《かたおか》　護《まもる》

2007年2月20日第1刷発行

発行者――野間佐和子
発行所――株式会社 講談社
東京都文京区音羽2-12-21 〒112-8001
電話 出版部(03)5395-3527
販売部(03)5395-5817
業務部(03)5395-3615
写真――澤井秀夫　吉田和行
本文イラスト――片岡護
デザイン――鈴木成一デザイン室
扉デザイン――本多晋介(SWAN)
カバー印刷――凸版印刷株式会社
印刷――株式会社精興社
製本――株式会社国宝社

落丁本・乱丁本は購入書店名を明記のうえ、小社業務部あてにお送りください。
送料は小社負担にてお取り替えします。
なお、この本の内容についてのお問い合わせは
生活文化第一出版部あてにお願いいたします。
Printed in Japan ISBN978-4-06-281088-3
定価はカバーに表示してあります。

講談社+α文庫 ©生活情報

書名	著者	内容	価格
*平野レミの速攻ごちそう料理	平野レミ	レミ流で料理が楽しい、おいしい！ 一見豪華なメニューが簡単にサッと作れるレシピ集	648円 C 104-1
*KIHACHI流野菜料理12ヵ月	熊谷喜八	旬の野菜を自由自在に料理する！ キハチ総料理長・熊谷喜八が贈る、自慢のレシピ46品	648円 C 105-1
マンガ「ちゃんこ」入門	琴剣淳弥	作って簡単、食べたら栄養バランス満点！ 力士に学ぶ「食」の知恵、ちゃんこレシピ35	648円 C 107-1
*片岡護の絶品パスタ	片岡護	イタリアンの王道〝パスタ〟を極める渾身のレシピ&エッセイ集。自筆カラーイラストも必見	648円 C 108-1
*井上絵美の素敵なおもてなし	井上絵美	見た目も味も本格派のパーティー料理が簡単に作れる！ 独自のおしゃれアイディア満載！	648円 C 109-1

*印は書き下ろし・オリジナル作品

表示価格はすべて本体価格(税別)です。本体価格は変更することがあります